교사가 교사를 말하다

교사의 삶을 그림책과 연결한

그림책을 함께 읽고 깨달은 교사의 삶에 대한 에세이

이다감, 조민지, 전준호, 김한나, 이정미, 양정희, 김홍호,

최순경, 우영숙, 김명순 교사의 삶을 그리고 쓰다

북트리

읽기 전 자신에게
아래 두 가지를 질문해 보세요!

"내가 생각하는 교사는 어떤 모습일까?"

"내가 만나고 싶은 교사는 어떤 모습일까?"

이야기를 꺼내며

'교사'를 자세히 들여다보자

『교사가 교사를 말하다』는 '교사'에 대해 제대로 알 수 있도록 '교사'라는 존재를 교사 스스로 객관적으로 바라보고자 하는 시도다.

'교사'를 한 번도 만나지 않는 이는 없고, 누구나 인생을 통해 '교사'를 만날 것이다. 그러나 '교사'라는 존재를 객관적으로 바라본다는 건 어려울 것이다. 교사가 스스로 '교사'에 대해 이야기를 꺼낸다는 것 또한 만만하지 않다. '나'라는 교사를 있는 그대로 드러내야 하는 작업이기 때문이다.

그러나 이렇게 우리가 용기를 낸 건 우리가 '교사'이기에 '교사'에 대한 이야기를 누구보다 먼저 꺼낼 필요가 있다고 보기 때문이다. '교사'로 살아가며 스스로 어떻게 '교사'를 인식하고 있는지 다양한 각도의 시선과 생각들을 모은 『교사가 교사를 말하다』는 그렇게 시작 되었다.

사방이 막혀있는 코끼리가 담긴 상자를 상상해 보자. 상자를 열고 코끼리를 밑에서 바라본 사람과 코끼리를 위에서 바라본 사람은 전혀 다른 코끼리를 상상할 것이다. 상자의 다른 면을 대면하지 않는다면, 아마도 코끼리에 대한 생각은 변하지 않듯, 자신이 경험한 교사에 대한 생각도 고착되기 마련이다.

2~30년 전 학교 교육을 받았던 사람이라면 지금으로서는 받아들이기 힘든 혐오스러운 교사의 모습을 경험하고 '교사 혐오'에 대한 생각을 가질지도 모르겠다. 교사에 대한 사회적 인식은 그들 자신이 접했던 교사들의 모습을 근거로 지금 교사의 모습을 추정하기 때문이다. 그러나 '교사'에 대한 부정적인 인식이 많음에도 불구하고, 자녀의 희망 직업 순위에서 교사의 순위가 상위권을 유지하는 것은 언뜻 이해되지 않는다. 과연 '교사'란 무엇이길래 이렇게 모순된 평가가 나오는 것일까.

『교사가 교사를 말하다』라는 책을 통해 사회가 보는, 또 교사 스스로가 인식하고 느끼는 '교사'의 삶에 대해 톺아보며, '교사'에 대해 재조명해 보자.
이 책은 교사로서 살아오면서 느끼고 생각하고 경험한 것들을 교사 스스로 되돌아보며 '교사'의 삶에 대해 깨달은 바를 풀어 쓴 철저히 교사 관점의 교사에 대한 에세이다.
이 책을 통해 제3자가 정해주는 교사의 이미지가 아닌 교사를 있는 그대로 바라볼 수 있도록 돕고 싶다. 또 '교사'가 '교사'를 바라보는 성찰 과정에서의 다양한 생각들을 여러 책들과 연관 지었다. 이를 통해 독자와 함께 생각해 볼 수 있는 기회를 제공함으로써 독자에게 다른 책을 여는 동기도 선사하고 싶다.

'교사'로서 '교사'에 대해 깊게 고민해 보는 이 책의 시도는 사회의 '교사'에 대한 고정적 인식을 말랑하게 하고, 교사 한 명 한 명 있는 그대로 바라볼 수 있는 교육적 분위기를 만들어 '교사'에 대한 사회적 인식의 양면성을 객관적으로 들여다보는 첫 시작이 되길 소망한다.

  2023년 서이초 교사를 시작으로 수많은 교사가 겪는 어려움과 상처에 대해 함께 고민하고 이야기를 나누는 사회적 분위기가 부디 더 좋은 교육 현장을 만드는 원동력이 되기를 간절히 기대한다.

2024년 뜨거운 학교현장에서

좋아서 하는 책쓰기 연구회 대표 교사 이대감

목차

이야기를 꺼내며_『교사』를 자세히 들여다보자_이다감 4
프롤로그_선생님이 되고 싶어요_전준호 11

제1장 교사의 겉모습과 쓰임새 19

1-1. 교사의 차림새_조민지 20
1-2. 교실 속 꼰대_이다감 27
1-3. 교사는 뭐든 다 해야지_양정희 33
1-4. 교사들의 직업병_김한나 37
1-5. 나의 목소리_김한나 40

제2장 교사의 습관 45

2-1. 교사의 회식_전준호 46
2-2. 아이와의 이별, 졸업_김한나 53
2-3. 아이들의 질문에 대처하는 자세_우영숙 58
2-4. 나는 너보다 더 못했어_전준호 64
2-5. 아파도 학교에 간다_김홍호 72
2-6. 교사의 내적 감정에 대하여_우영숙 77

제3장 교사의 편견에 대처하는 자세 84

3-1. 교사 매너리즘_이다감 85
3-2. 내가 꿈꾸는 교사_김홍호 91
3-3. 교사에서 그 무엇으로_양정희 97

3-4. 교사와 학생의 관계_이정미.................................101
3-5. 교사와 학부모의 관계_김한나..............................106
3-6. 편견 따위는 버려라!_이정미................................110

제4장 그들은 알지 못하는 교사의 세상.................115

4-1. 그것이 무엇이든 업무 먼저_이정미........................116
4-2. 민원으로 힘겨운 삶_이다감..................................122
4-3. 다른 사람들이 부러워하는 방학이란?_양정희...........127
4-4. 다시 태어나도 교사?_김홍호................................131
4-5. 가정방문_최순경...135
4-6. 악성 민원_최순경...140
4-7. 교사 입에 달고 사는 그것_조민지..........................146

제5장 교사를 둘러싼 세상..................................152

5-1. 학교 공간에 대한 사私소小한 생각_조민지..............153
5-2. 오늘도 상담 중_조민지..158

에필로그_내 아이를 있는 그대로, 내 아이와 함께 있는
　　　　　교사도 있는 그대로!_이다감.......................165

드디어 교사가 되었습니다.

아이들과 함께

....

...

..

프롤로그_선생님이 되고 싶어요

[교사들의 사전]

| 선생님 자판기 | '자판기'의 사전적 의미는 '사람의 손을 빌리지 아니하고 상품을 자동적으로 파는 장치'이다. 자판기처럼 버튼을 누르면 원하는 물품이 나오듯 초등학교 교사는 시간표에 해당 과목이 배정되면 해당 과목에 대한 지식과 능력을 최대한 발휘하여 아이들을 가르쳐야 한다. |

봄 냄새

주말 아침, 늦잠을 자고 싶어도 아침잠 없는 아들 둘 덕분에 강제 아침형 인간이 된다. 간단히 시리얼과 토스트 몇 조각 준비해서 아이들과 한 식탁에 앉아 식사를 하던 중, 살짝 고개를 돌려 거실 창문을 바라본다. 강원도 태백의 겨울은 유난히 춥고 길다. 하지만 오늘따라 유난히 따사로워 보이는 햇살에 불쑥 말을 꺼내 본다.

"여보, 날씨 너무 좋다. 가까운 삼척에 나들이 다녀올까?"

그렇게 햇살 가득한 토요일, 추운 겨울을 지나 기온이 조금 따스해졌다는 느낌이 들 즈음에 가족들과 나들이를 떠난다. 달리는 자동차 안에서 언 몸을 녹이는 히터가 아닌 창문 바깥바람을 느끼고 싶은 그런 날이다. 비록 먼 곳은 아니지만 봄기운을 느끼고 싶어 떠나는 오랜만의 나들이라 가족 모두 들떠 보인다. 내 마음대로 라이브 노래를 선곡해서 제 성능을 발휘하지 못하는 성대로 애써 노래를 따라 불러본다. 오랜만에 듣는 노래였지만 나의 장기 기억 속에 시절 지난 노래 가사가 제대로 자리를 잡았던 것인지 노랫말이 술술 흘러나오니 기분이 더욱 좋다. 가족들도 덩달아 신이 난다. 감정도 전염성이 있다더니 사실인가보다. 내 노래가 끝나고 가족들이 각자 좋아하는 노래를 한 곡씩 선곡하여 들으며 가니 이것이야말로 소소하지만 확실한 행복이 아닐까 생각한다.

시원한 봄 내음을 만끽하며 달리던 중, 다소 불쾌하지만, 익숙한 냄새가 내 코를 찌른다. 밭에 뿌려진 거름 냄새다. 어린 시절 나에게 봄은 파릇한 새싹의 푸르름도 아니고, 수줍게 피어난 개나리꽃의 노란색도 아니었다. 나의 봄은 언제나 고약한 거름 냄새로 시작되었다. 우리 집은 증조부 때 경상도에서 강원도 평창으로 이주하여 자리를 잡았다고 한다. 어른들은 별다른 기술이 없으셨기에 밭과 논을 일구며 사셨다. 아버지도 당연히 어린 나이부터 밭과 논을 일구며 사셨고, 나의 유년 시절도 농사와 뗄 수 없었다. 추운 겨울이 끝날 무렵, 아버지는 다음 해 농사를 위해 거름 공장에서 거름을 싣고 오신다. 싣고 온 거름은 밭 한 모퉁이에 내려놓고, 봄바람이 불기도 전에, 겨울바람이 조금 잠잠해진다 싶을 때 밭에 골고루 뿌린다. 트럭을 이용하여 사람의 손으로 거름 일부를 싣고, 밭 이곳저곳을 돌아다니며 직접 골고루 뿌려줘야 한다. 겨우내 언 땅이 녹으면 트럭이 움직이기 힘들기 때문에 매서운 겨울바람이 한발 물러서고 봄이 살짝 얼굴을 내민다 싶으면 부지런히 거름을 밭 구석구석 뿌려야 한다. 그렇기에 유년 시절 나의 봄은 꽃향기가 아닌 거름 냄새로 시작되었다.

냄새나는 사람

어느 배달원이 라디오에서 말하길, 음식 배달을 하다 보면 다양한 집에 들르게 되는데, 집마다 특유의 냄새가 있다고 한다. 코로만 맡아지는 화학적 무언가가 아닌 서늘하면서도 차가운 냄새 또는 따스하고 포근한 냄새 등 사람의 공간에는 그 사람을 닮은 특유의 냄새가 있다고 한다. 배달원은 추운 겨울, 따뜻한 냄새가 나는 집에 배달을 갈 때면 그 집에 쏙 들어가서 쉬고 싶다고 했다.

이러한 냄새는 값비싼 장식물과 가구가 아닌 사람과 사람이 만들어 내는 냄새일 것이다. 사람이 없는 집의 서늘함과 여러 가족이 사는 집의 온기가 다르듯 서로 이해하고 감싸주는 사랑이 있는 집의 냄새는 누구나 느낄 것이다.

봄의 시작과 함께 농사철이 되면 코를 찌를듯한 고약한 거름 냄새가 집 안에 가득했지만 내가 느끼는 우리 집은 따뜻하고 포근한 냄새가 났다. 밭일을 하다 보면 자연스레 거름 냄새가 옷에 베이고, 고스란히 우리 집 안까지 초대된다. 해 질 녘에 돌아오시는 아버지와 어머니에게서 불쾌한 NH_3(암모니아) 화학적 덩어리가 내 코를 자극했지만 코를 제외한 나의 모든 감각은 포근하고 따스한 냄새를 느꼈다.

나는 거름과 흙냄새가 잔뜩 묻어있지만, 말수가 적고 다정한 우리 아버지가 특히 좋았다. 특별한 것 없는 시골에 살았기에 밭일이 없을 때면 아버지와 산에 올라가곤 했다. 산에 올라갈 때면 사람 좋은 미소를 짓고 풀잎을 뜯어 배 만드는 방법을 알려주셨고, 말주변이 없으셨지만, 이 나무 저 나무의 이름과 유래, 옛이야기를 두런두런 해주셨다. 그리고 걷기 힘들어할 때면 서두르지 않고 천천히 한발 한발 내디디면 정상에 도착할 거라는 삶의 여유도 알려주셨다.

　그런 아버지가 좋았고, 그 냄새를 사랑했고, 그런 냄새가 나는 사람이 되고 싶었다. 세상의 그늘을 지우는 사람은 유명한 사람, 돈 많은 사람이 아니라 다른 사람에게 좋은 감정과 생각을 전염시켜 주는 사람이라 생각했다. 아버지야말로 나에게는 좋은 감정을 전염시켜 주는 좋은 냄새가 나는 사람이라 생각했다.

　시간이 흐르고, 지난한 고등학생이 된 나는 선생님이 되고 싶었다. 집안의 경제적 이유와 나의 성적, 나의 적성을 고려한 선택이었다. 그리고 나는 아버지처럼 좋은 냄새가 나는 어른이 될 것이기에 어린아이들과 함께 배우며 성장해 나가는 멋진 선생님이 될 자신이 있었다.

선생님 자판기

　'부모'와 '자식'은 하늘이 내려 준 인연이라고 한다. 귀한 인연이지만 세상에서 제일 많이, 제일 오래 싸우는 관계이기도 하다.

　조경희 작가의 『엄마 자판기』, 『아빠 자판기』 그림책에서는 다툼이 없다. 아이가 원하는 부모의 모습을 자판기로 뽑아서 만날 수 있기 때문이다. 잘 놀아주지 않는 부모님이 야속한 아이는 부모 자판기에서 잘 놀아주는 부모를 만나고, 잔소리가 많은 부모님이 싫었던 아이는 무한한 자유를 주는 부모를 선택할 수 있다. 집에서는 '부모 자판기'가 필요했다면, 학교에서는 '선생님 자판기'가 필요하다.

　초등학교, 중학교, 고등학교 선생님마다 나름의 고충이 있겠지만, 초등학교의 선생님의 경우, 슈퍼맨이 되어야 한다. 한 명의 선생님이 각기 다른 버튼을 누르면 다양한 물품이 나오는 자판기처럼 국어 시간에는 '국어 선생님', 음악 시간에는 '음악 선생님', 미술 시간에는 '미술 선생님'이 되어야 한다.

전 과목을 한 명의 선생님이 지도해야 하기에 교육대학교의 커리큘럼은 당황스럽기 그지없다. 타이츠(양말의 하나로, 허리 높이까지 올라오며 몸에 꼭 끼는 특징의 양말)를 입지 않아 다행이라며 스스로 다독이며 토슈즈를 신고 현대무용을 배우며, 음악은 귀와 마음으로 듣는 감상이 전부였던 사람도 갑작스러운 피아노 반주 연주와 꾀꼬리 같은 가창 실력이 절실하다. 목욕탕에서 온탕과 냉탕을 오가며 익혔던 수준급 잠수 실력은 급작스러운 25m 생존수영 수업으로 부질없음을 깨닫고, 마음의 양식을 쌓는 것이 문학이라 하였지만 재미있게 읽어주는 것 또한 문학이라는 것을 배운다. 과목별 교육과정에서 추구하는 인간상을 지도하기 위해 교대생은 그런 인간상을 먼저 스스로 장착해야 한다는 사실을 경험하고 본인의 미욱함을 하릴없이 마주하게 되는 것이다.

멋진 선생님이 될 수 있다는 나름의 자신감은 가뭇없이 사라지고 만다. 수많은 배움이 초등수준의 모든 교과를 가르칠 수 있는 기본 소양이기에 4년이라는 긴 시간 동안 배우게 된다. 덕분에 전인적 발달을 목표로 하는 초등 교육과정에 맞게 예비 선생님들은 교육대학교에서 반강제적으로 전인적 발달을 이루게 된다. 개인만이 가진 특출난 특기와 소질을 살린 인재 양성이 아닌 자신의 부족한 적성과 소질을 부단한 노력으로 모든 방면의 능력을 가진 팔방미인형 인적자원으로 거듭나게 되는 것이다.

이러한 과정을 통해서 초등교사들은 어떠한 어려움이 와도 배워서 극복할 수 있는 의지와 이겨낼 수 있는 실행력을 가지게 되며, 자판기처럼 아이들에게 필요로 하는 모습과 역할을 교실에서 그때그때 뽑아서 쓸 수 있는

'선생님 자판기'가 된다.

국어 시간에는 동시를 읽고 시 속의 모습을 그려보는 문학적 소양을 지도하는 셰익스피어로, 수학 시간에는 '4+6=10'를 40분 동안 수학적 원리(쉬운 것일수록 가르치기 어렵다)와 다양한 예시로 가르치는 피타고라스로, 과학 시간에는 물리, 지구과학, 생물, 화학을 넘나들며 다양한 실험을 하는 정재승으로, 사회 시간에는 구석기부터 근현대사까지 아우르는 일타강사 최태성으로, 체육 시간에는 각 운동 종목을 두루 섭렵하고 규칙 및 변형 동작이나 게임 활동까지 모두 머릿속에 넣고 국가대표 저리가라급으로, 도덕 시간에는 도덕적 생활양식이나 생활 습관을 아이들이 스스로 마음속에 내면화하도록 돕기 위한 말발과 능력을 가진 칸트나 간디로, 미술 시간에는 다양한 미술적 표현기법과 서예, 미술사까지 두루 알고 있어야 하며, 영어 시간에는 정신력으로 매시간 핵심 표현과 교실 영어를 장착해 원어민이 되고, 실과 시간에는 요리와 바느질에 코딩과 AI까지 모두 알아야 하는 멀티 인간이 되어야 하고, 음악 시간에는 전통 및 서양음악 모두를 아우르는 음악 전문가로 모두를 지도해야 한다. 또 1~2학년의 통합교과는 이 모든 내용을 아이들의 수준에 맞게 구체적인 경험의 장을 마련해야 하기에 더욱 가르침의 난이도가 상당하다. 교과목 외 창의적 체험활동을 가르치기 위한 교사 나름의 부단한 노력은 두말할 나위가 없다.

선생님 성장기

"좋은 부모가 되려면 어떻게 해야 하나요?"

아이를 기른다는 것은 아이를 만들어 가는 과정이 아니라 부모가 더 나은 사람이 되어가는 과정이라고 한다. 아이를 키우면서 더욱 절실히 알게 된 진실이다. 더불어 내 아이가 상속받는 것은 유전자나 유산만이 아니라 궁극적으로 부모의 삶이다. 결국 좋은 부모가 되는 방법은 부모 자신이 좋은 사람이 되는 것이다.

"좋은 선생님이 되려면 어떻게 해야 하나요?"

답은 위와 다름없다. 아이를 지도한다는 것은 아이를 만들어 가는 과정이 아니라 선생님이 더 나은 사람이 되어가는 과정이다. 선생님의 역할은 부모의 역할과 다르지 않다. 어찌 보면 부모보다 더 광범위한 부분을 책임을 지고 있다. 그렇기에 좋은 선생님이 되는 방법은 유능한 '선생님 자판기'처럼 지식을 잘 전달하는 사람도 되어야 하고, 마음과 생각이 건강하고 따스한 좋은 사람이 되어야 하는 것이다.

나는 아버지처럼 따뜻한 냄새가 나는 사람이 되고 싶다. 아이들과 함께 따뜻한 향기가 나는 사람이 되고 싶다. 나는 서늘하면서도 차가운 냄새가 아니라 따스하고 포근한 향기가 좋다.

처음에는 성능 좋은 '선생님 자판기'가 된다면, 좋은 선생님이 될 수 있을 거라고 과신했다. 하지만 더 중요한 것을 잊고 있었다. 잘 가르치는 것도 중요하지만 초등학교 선생님의 진정한 역할은 우리 아이들에게 따스한 사람의 냄새를 느끼게 해주고, 나아가 이러한 사람의 향내를 풍길 수 있도록 도와주는 것이 아닐까. 눈에는 보이지 않지만 우리가 항상 느끼고 있는 바람, 이 바람이 나무에 불면 녹색의 바람이 되고, 꽃에 불면 꽃바람이 된다. 멋은 내는 것이 아니라 풍기는 것이라 했다. 방금 나를 지나간 바람은 어떤 향기가 나는 바람이 되었을까? 그렇게 나는 선생님이 되어간다. ♥전준호

『엄마 자판기』(조경희 글그림 | 노란돼지 | 2019년)
『아빠 자판기』(조경희 글그림 | 노란돼지 | 2021년)

　아이들에게는 엄마와 노는 것이 가장 행복한 일이다. 엄마가 늘 집에 있었으면 좋겠고, 쉬는 날이면 엄마와 놀이공원도 가고 싶다. 하지만 신우네 엄마는 매일 바쁘다. 엄마 자판기는 신우의 꿈이었던, 평소 엄마와 해 보고 싶었던 놀이를 모두 함께해 볼 수 있게 해주는 자판기이다.
　신우 아빠도 항상 바쁘다. 늘 회사에서 오는 전화에 시달리고, 피곤에 찌든 모습으로 퇴근하곤 한다. 잠만 자는 아빠를 깨우지만 아빠는 움직이지 않는다. 그때 신우를 찾아온 '아빠 자판기'. 먼저 손 내밀지 않아도 신우에게 계속 놀아 달라고 조르는 자판기이다. 신우는 의기양양해져 버튼을 하나하나 눌러 준다. "그래. 내가 놀아줄게." 하는 마음으로!
　아이들의 마음과 엄마와 아빠의 사랑도 느낄 수 있는 그림책이다.

제1장

교사의 겉모습과 쓰임새

교사라서 해야 할 것과 하라는 건 많은데,

교사라고 해주는 건 없네요.

1-1. 교사의 차림새

[교사들의 사전]

> 교사의 차림새
>
> 교사는 제복이나 유니폼을 입지는 않는다. 하지만 몇 가지 제약과 주요 아이템이 있다.
>
> "민소매는 안 돼, 실내화는 필수!"
>
> 어떻게 입으면 무난할까 고민하지만 입었을 때 신생님처럼 보이는 것은 꺼리기도 한다.

A라인 원피스, 무난한 재킷, 눈에 튀지 않는 악세서리

옷장을 열어본다. 오늘은 무슨 옷을 입고 가면 좋을까 스캔해 본다. 며칠 전 옆 반 신규 선생님이 반바지에 후드티를 입고 학교에 왔다. 학교에 교실 정리를 하러 온 것이 아니라 수업을 하러 오는 데 그런 차림새라니, 놀란 마음에 선배 교사로 조언을 하려는 순간 여러 생각이 스쳤다.

'교사의 복장 규정은 무엇이었던가?'

'괜히 트집 잡는다는 이야기를 듣지는 않을까?'

'나의 옷차림은 어떠했나?'

앞으로 함께 동학년으로 겪을 일이 많을 텐데, 괜히 사이가 어색해지는 것이 마땅찮아 그냥 모른척했다.

아니나 다를까 교감 선생님이 호출하신 듯했다. 교육공무원은 용모단정의 의무가 있다고 교감 선생님이 말했지만, 신규 선생님은 중얼거린다.

'크롭티를 입고 온 것도 아니고, 핫팬츠를 입고 온 것도 아닌데….'
끝내 받아들일 수 없다며 교실로 들어가는 뒷모습이 보인다.

나의 신규 시절은 어떠했을까 떠올려 본다. 나는『줄무늬가 생겼어요』의 주인공 카밀라처럼 어떤 옷을 입을지 옷을 고르느라 한참을 거울 앞에 서성였던 기억이 난다. 내가 신규였던 그 시절 매장 옷 대부분은 짧은 원피스였다. 그래서 출근복에 적당하지 못했고, 단정한 원피스는 활동하기에 불편하니 옷을 사는 순간부터 입고 교실에 들어오기까지 카밀라처럼 마흔두 번 정도는 더 고민하곤 했다.

『줄무늬가 생겼어요』의 카밀라가 아욱콩을 좋아했지만 친구들의 시선 때문에 절대 먹지 않았던 것처럼, 당시 나는 편안한 스판바지 차림을 좋아했음에도 줄곧 A라인 원피스를 입고 학교로 향했다. 누가 강요한 것은 아니었으나, 그 당시 여교사는 대개 원피스를 입었고, 바지를 입으면 정장 바지를 입어야 했던 것으로 기억된다. 체육 시간이 든 날이면 준비해 간 체육복을 갈아입고 아이들과 활동하고 또다시 갈아입는 불편함이 당연했었다.

바쁜 아침의 전쟁 속에 오늘도 나의 옷차림새를 걱정해 본다.
'옷의 색깔 중 가장 무난한 베이지가 역시 베이스를 깔고 있군. 유난히 많은 검은색도 보였다. 좋았어! 베이지색 바지에 검정 상의를 입어서 깔끔하고 세련된 느낌을 주어야겠어! 그런데, 아차차 오늘은 학부모 공개 수업이 있는 날이지? 원피스+재킷 또는 바지+니트와 같이 단정한 느낌으로 무겁지 않은 정장 느낌을 입는 것이 좋겠어! 휴, 다행히 드라이클리닝 해 놓은 A라인 샤랄라 남색 원피스가 비닐 채 그대로 반짝이고 있구나. 그렇다면 남색 원피스에 흰색 재킷을 입어주어야겠군! 민소매 원피스라서 재킷을 안 입었

다가는 칠판을 향해 드러나는 내 겨드랑이 살들이 굴욕스럽게 드러날지도 모르기 때문이지.'

검은색도, 흰색도, 아니었다!

몇 해 전 체육 전담 교과를 맡았다. 체육을 맡으면 다들 체육복 편한 것으로 여러 벌 사놓으면 편하다길래 가장 많은 색깔인 '검은색' 체육복을 여러 벌 구매했다. 그러나 머리부터 발끝까지 검정으로 쫙 맞춰 입었다가 교감 선생님 호출을 받았다.

"담임 선생님이 아이들에게 너무 어두운 느낌을 주지 않나요?
좀 밝은색으로 입으세요. 어두침침하게, 저승사자도 아니고."
충격적이었다.
'저승사자, 저승사자, 저승사자라니!!!!!'
물론 웃으시면서 재미있게 말씀하셨지만, 첫 월급 받아 비싼 돈 주고 브랜드 제품으로 치장한 나에겐 치명적인 말이었다.

사실 그때는 20년 전으로 1학기 때는 소체육대회, 2학기는 운동회로 학교마다 만국기를 펄럭이며 거국적으로 운동회를 하던 시절이었다. 매일 정장을 입는 교사들의 패션 감각을 여러모로 확인할 수 있는 시간이었다.

"그래, 나는 패션 교사답게 뭔가 unique한 것을 보여주겠어!"
교감 선생님의 말씀도 있고 해서 나는 흰색 체육복 한 벌, 형광 초록 한 벌을 각각 샀다. 화려한 스냅백 모자, 흰색 체육복, 로고 찍힌 반짝 운동화, 형형색색 호루라기 줄까지 장착하고 아이들 앞에 섰다.

"준비운동 하자! 얘들아."

"선생님, 안에 속옷 보여요!"

'앗! 뭔 소리야, 패션왕답게 그 정도는 미리 다 예상하고 단도리를 했는데 이게 무슨 상황이지?'하고 얼굴이 화끈거렸다. 알고 보니 다른 선생님들과 다르게 입은 나를 놀린 거였다.

20년 전 검은색은 저승사자로 나를 한 방 먹였고, 흰색은 놀림으로 나에게 한 방을 먹였다.

과연 교사는 어떻게 입어야 하는 걸까.

누군가 교사는 이렇게 입어야 한다고 정해진 교복 같은 게 있다고 알려주면 좋겠다. 이렇게 고민하고 상처받는 일을 겪지 않아도 될 테니 말이다.

옷차림에 대한 평가로 내가 힘들었던 것은 어떻게든 주변 사람들과는 조금 더 달라 보이고자 했던 나의 집착이 아니었을까. 내가 아이들과 활동할 때 필요한 것보다 다른 시선에 집착하고 있었는지도 모르겠다. 그렇다면 나 스스로 옭아맨 그 다른 시선은 무엇이었을까.

꾸민 듯 안 꾸민 듯 꾸민 스타일입니다

"선생님, 옷을 좀 예쁘게 입고 자신을 꾸며 봐요."

동료 교사에게 내가 들은 가장 충격적인 말이다.

'앗, 그러니깐, 이 옷은 활동하기 적합하면서도 단정하면서도 나름 색깔을 맞춘, 놀이에 최적화된 스타일인데……'라고 이야기를 하려는데

"그리고 액세서리도 좀 쓰고, 자기한테 투자하세요!"

'한 번 더 확인시켜 주고 지나가셨다. 하하하.' 우리 사이 어색하지 말자고

건네주신 인. 사. 말. 일 것이라 속으로 되뇌어본다.

한때 나는 아주 화려하고 치렁치렁한 목걸이와 블링블링한 팔찌를 좋아했지만, 학교에 하고 왔다가 수업하기에 너무 불편해서 안 하게 되었다.

나름 소신이 있어서 안 하는 것인데 이분은 왜 이렇게 말씀하시는 것일까. 그러니까 나는 단정한 목걸이, 팔찌는 싫다. 액세서리는 눈에 확 튀는 것, 크고 번쩍번쩍한 녀석을 좋아하는데 아이들과 뒤척이며 놀기에는 대략 난감하다.

복직 후 늘 저학년을 맡게 되었고, 통합교과 시간에는 주로 바깥 놀이 활동을 한다. 그래서 이제 내 옷장에 원피스는 오간 데 없고 배기팬츠와 PK 티셔츠가 가득하다.

"선생님 여기 이거 보세요. 여기 개구리가 죽었어요."

"야, 나한테 개구리 던지지 마!"

아니나 다를까, 나의 95% 스판 혼용률을 자랑하는 배기팬츠 덕분에 재빨리 달려가 사건을 해결한다. 원피스를 입었다면 사뿐사뿐 뛰어갔을까. 나의 신축성 좋은 옷 때문인지 점점 더 아이들과 뒹굴어 가고 있는 느낌이긴 하다.

"얘들아, 밖에 나온 김에 우리 술래잡기하고 들어갈까?"

이제는 따로 체육복을 준비해서 갈아입고 평상복으로 또 갈아입는 수고로움을 하지 않아도 된다. 평상복이 워낙 편하다 보니 자유롭게 앉았다가 일어날 수도 있으며, 아이들의 부름에 달려갈 수 있으며, 경우에 따라 스트레칭도 즐길 수 있으니 말이다.

『줄무늬가 생겼어요』의 카밀라에게 갑자기 생긴 줄무늬병은 카밀라가 가장 좋아했던 것이지만 친구들이 놀려댈까 봐 먹지 않았던 아욱콩을 용기 내어 먹은 덕분에 씻은 듯이 낫게 된다. 이제 카밀라는 다른 사람의 시선보다는 자기가 좋아하는 아욱콩을 실컷 즐기며 즐겁게 생활하게 되었다. 누구보다 밝고 당당한 자신감을 가지게 된 것이다.

나 역시 교사로서 아이들과 활동하기에 적합한 옷차림에 대한 믿음은 다소 지나친 꾸. 안. 꾸 스타일이겠지만, 그럼에도 나는 당당하게 차려입었다고 말하면서 아이들 앞에 서 보겠다.

누군가 내 차림새를 보고 교사답지 못하다고 말한다면, 내 차림새 같은 교사가 아이들에게 왜 필요한지 용기 내어 말해주고 싶다. 교사 같은 차림새가 아이들에게 필요한 게 아니라, 아이들에게 자유롭고 편안하게 다가가게 하는 게 진짜 교사의 차림새가 아닐까.

아, 그러고 보니 오늘 신규 선생님에게 이렇게 말하면 도움이 될까 생각해 본다.

"뭘 입어야 하나 정하기 어렵다면, 아이들에게 자유롭고 편안하게 다가갈 수 있는 옷인지 고민해 보세요."

'아, 내일 신규 선생님은 무슨 옷을 입고 오실까?' 몹시 궁금해진다. ♥조민지

『줄무늬가 생겼어요』(데이빗 섀논 글그림 | 비룡소 | 2008년)

남의 시선 때문에, 남들의 평가 때문에 고민하고 있는 당신이라면 이 그림책을 만나보면 좋겠다. 당신이 어쩌면 카밀라처럼 줄무늬병으로 힘들고 지쳐 있다면, 이 그림책에서 나만의 아욱콩 한 그릇을 만나게 만나게 될지도 모른다.

"뭘 입어야 하나 정하기 어렵다면, 아이들에게 자유롭고 편안하게 다가갈 수 있는 옷인지 고민해 보세요."

1-2. 교실 속 꼰대

[교사들의 사전]

| 학교 교사들에 대해 갖고 있는 고정된 생각(편견) | 학교 교사는 시시하고 지겨울 것이라고 보는 사회의 시선이 존재한다. 그래서 학교가 아닌 공간에서 교사라는 것이 드러났을 때 사람들이 교사에 대해 가진 고정된 생각으로 인해 교사를 보는 시선이 교사를 힘들게 하기도 한다. |

당신이 꼰대 같다는 말을 듣는다면?

사람들은 교사를 꼰대 같다고 생각한다. 꼰대는 권위적인 사고를 가진 어른이나 선생님을 비하하는 말이다. 또 교사는 너무 틀에 박혀있고 뻔하다고 보기도 한다. 중고등학교 교사는 계속 같은 과목을 가르치니 재미없고 지겨울 것 같다고 생각하기도 하고 또 초등교사는 초등학생을 가르치는 건 누구나 할 수 있을 정도로 쉽다고 생각하거나 아이들과 소소한 활동을 하는 것을 하찮게 여길지도 모른다. 유치원 교사와 보육교사에 대한 편견도 이와 비슷한 맥락일 것이다.

그러나 살면서 누군가에게 답답하고 꼰대 같다는 말을 듣는다면 아무리 부처처럼 마음의 평정을 잘 유지하는 사람도 견디기 힘든 순간이 올 수 있다. 내가 그랬다. 10년 넘은 우정을 가진 여고 동창 친구와 함께 처음 떠난 해외여행에서 그 친구는 나의 답답하고 꼰대 같은 성격 때문에 일주일의 여정을 끝마치지도 않은 채 먼저 한국으로 가 버렸다. 우리가 떠난 여행 코스는 허니문으로 주로 이용되던 코스인데, 현지 여행사는 신혼 부부간에 이런 일이 종종 벌어져서 두 사람 중 한 사람이 먼저 여행을 다 마무리하지 않고 떠나는 것에 대해 별로 놀라지 않았다. 다만 우리가 부부가 아닌 친구 사이였다는 것을 알고 그제야 놀라는 눈치였다.

나의 친구는 아마 이번 여행을 떠나기 전 행복한 여행을 상상했으리라. 그러나 인생 처음 해외여행에서 나는 너무나 긴장한 탓인지 계속 속이 안 좋았고, 음식도 입에 맞지 않아 곤욕을 치렀다.

결국 몸이 좋지 않아 미안하게도 친구가 가고 싶다는 몇몇 코스를 취소하기도 했다. 숙소로 돌아와 첫날 밤에는 "너무 덥다"를 외치던 친구의 말에 눈치를 보다 에어컨도 끄지 못하고 밤새 덜덜 떨다 그만 감기에 걸려버렸.

두 번째 밤에는 침대와 이불을 모두 차지하고 자는 친구를 깨워서 옆으로 가라는 말을 하지 못하고, 구석에서 쭈그리고 잤다.

셋째 날 그 친구는 나의 답답함에 화를 내며 여행 종료를 선언했다. 너무 놀란 나는 더 묻지 못하고, 친구를 보내주고 말았다. 사실 다시 같이 한국으로 가면서 시간을 보낼 자신이 없어 붙잡지 못했다. 아픈 몸을 조금 추스르고 나니 그제야 정신이 들었다.

여행 첫날, 너무 더운 날씨로 계속 힘들다는 친구의 말에, 내가 옷을 더 껴입고 이불을 뒤집어쓰고 자는 것이 에어컨을 끄자고 말하는 것보다 나을 것 같았다. 둘째 날은 잠들어 버린 친구를 깨워서 옆으로 가서 자라고 말하기에는 하루 종일 걸어 다니고 나서 힘들게 잠든 모습의 친구가 안쓰러웠기 때문이다.

그런데 이런 나의 마음은 친구에게 전해지지 않았고, '왜 나를 나쁜 사람으로 만드니?!'라고 말하며, 친구는 내가 너무 답답하다고 했다. 당시에는 그 친구가 왜 그렇게 나에게 화를 내는지 알 수 없었다. 솔직히 내가 답답하고 꼰대 같다는 말을 들었다는 것에 더 화가 났다. 평소에 고민이 생기면 나에게 연락해서 조언을 해 달라는 친구였기에, 내 마음을 몰라주고 화내는 친구가 야속하기만 했다.

1993년 발표된 오정희 작가가 쓴 단편소설 『소음공해』를 그림책으로 엮어낸 『소음공해』라는 책이 있다. 이 책의 주인공은 윗집에서 들리는 지속적인 드르륵 소리로 인해 꿀 같은 휴식을 방해받아 힘들어한다. 나와 친구처럼, 아랫집 주인공은 계속 소음을 만들어 내는 윗집 이웃을 이해하기 힘들어한다. 아랫집 주인공은 심신장애자 시설에서 자원봉사자로 일하는 모범적인 중년 여성인데, 휴식을 방해받는 느닷없는 윗집 소음에 참다못해 인터폰을 든다. 아랫집 주인공은 인터폰 너머에서 사과는커녕 항의 때문에 힘들다는 소리를 듣는다. 결국 소리를 내지 말라는 메시지가 담긴 푹신한 슬리퍼를 선물로 들고 직접 윗층 이웃을 대면하기에 이른다.

아랫집 주인공은 휠체어에 앉아 바퀴를 갈아보려고 알아보는 중이라는 윗집 이웃의 말에 망연자실 선물을 감추고 만다. 소음이 휠체어 바퀴 때문이라는 것을 깨달은 아랫집 주인공은 자신이 평소 장애인시설에서 봉사하며 느낀 자부심으로 인해 더 불편한 마음을 감수해야 했을 것이다. 또 따지거나 화내는 것이 아닌 푹신한 슬리퍼를 선물하는 자신을 스스로 교양 있다고 생각한 것이 오만이었음을 느꼈을 것이다.

윗집을 대할 때 하던 주인공의 꼰대 같은 모습이 평소의 나의 모습 같아 그림책 마지막을 보면서 적잖이 당황했다. 생각이 꼬리에 꼬리를 물더니 다시 나를 친구와의 여행에 데려다 놓았다.

지금에 와서 친구와의 여행을 돌이켜보니, 내가 그 친구에게 한 행동이 바로 꼰대질이 아니었을까. 꼰대질이란, 자신의 경험을 일반화해서 남에게 일반적으로 강요하는 것을 말하는데, 친구의 입장에서 보면 내가 표현하는 것이 정답이고 배려이고 진리인 것처럼 친구에게 강요했던 것이다. 아침이 되어 자신 때문에 친구가 아프고 불편하게 자는 모습을 보고 마음이 편했을 사람은 없으니 말이다. 나만 생각하고 친구가 원하지 않는 배려를 하면서 나 스스로 배려하는 좋은 친구라고 생각했던 점을 그 친구는 견디기 힘들지 않았을까.

교실 속 꼰대

교실에서도 이와 비슷한 일이 비일비재할지 모른다. 교사는 아이를 배려하고 위한다는 생각으로 이것저것 잔소리를 하지만, 정작 아이들은 교사의 그것들을 원한 적이 없다. 수업 시간에는 선생님 말씀에 집중해야 한다. 발표도 해야 하고, 수업 시간에 돌아다녀서도 안 된다. 또 바르게 앉아 수업에 참여해야 한다. 교과서에 나온 것을 그대로 모두 충실하게 해내야 한다. 어쩌면 교사인 우리는 예전 우리가 학교생활에서 배운 것들이 필요하다고 생각하고 행동한다. 철저히 교사 입장에서 아이들에게 일방적으로 강요하고 있는 건 아닐까.

이제 지식은 인터넷만 통하면 교사보다 더 많은 것을 친절하고 자세히 설명해 준다. 그러니 앞으로의 교사는 정해진 정답에 대한 발표를 강요하기보다는 정답을 바로 찾기 어려운 질문거리들을 던져 아이들이 더 깊은 생각을 할 수 있도록 이끌어 주어야 한다고 생각한다.

또 교실에는 다양한 성향의 아이들이 모여 있다. 때로 ADHD 아이가 수업에서 즐거운 생각이 들어 돌아다니며 춤을 춘다면, 함께 음악을 틀고 즐거운 기분을 느끼고, 다음 활동을 이어가도 되지 않을까. 꼭 바르게 등을 곧게 펴고 앉아야 수업 내용이 머릿속에 잘 들어오는 건 아니리라. 자신이 느끼는 가장 편한 자세로 교사와 생각을 나눌 수 있다면 자세는 중요하지 않을 것이다. 교과서는 교육목표 달성을 위한 예시 자료일 뿐, 계획한 목표를 달성하기 위해 교사가 아이들에게 맞게 더 적합한 교육 내용을 선정하여 활동하면 된다. 아직도 내가 꼰대 같은 모습으로 교실에서 아이들을 마주하고 있는지 매 순간 아이들의 눈빛을 살핀다. 어쩌면 처음 교사가 됐을 때는 이전에 만났던 교사들의 모습을 그대로 따라 하며 아이들을 만났을지도 모른다. 그 모습 그대로 답습하며 살아가는 나에게서 십년지기 친구도 꼰대스러움을 견디지 못하고 떠나가버리는데, 하물며 아이들에게 견디어 내라고 할 수 있을까.

『소음공해』속 주인공이 느끼는 당혹감을 아이들을 통해 느낀다면, 다시 부끄러움을 느끼리라. 더불어 나의 꼰대스러움을 톺아보고, 고요히 숙찰하는 시간을 보내리라. 선생님은 꼰대 같다는 편견에서 벗어나기 위해 아이들에게 깊이 공들이는 시간을 기꺼이 쓰고자 한다. 교사가 모범생이라는 편견을 깨기 위해 머슬마니아에 출전한 이보람 교사처럼 나도 책과 글을 통해 사람들에게 교사에 대한 편견을 일깨워 주며, 아이들에게만은 더더욱 꼰대가 되고 싶지 않다. ♥이다감

『소음공해』(오정희 글 | 조원희 그림 | 강유정 해설 | 길벗어린이 | 2020년)

    층간소음에 시달리는 주인공은 우리가 길다가 마주하는 사람들과 다르지 않은 아주 평범한 사람. 그러한 평범한 사람이 하는 생각과 말과 행동이 누군가에게 무언가를 강요하게 되는 순간을 잘 짚어낸 그림책이다. 이야기 속에서 작가는 다른 사람을 이해하기 위한 작은 노력이 인간 간의 문제공해를 해결하는 실마리임을 마지막 장면에서 주인공이 느끼는 당혹감으로 보여준다. 누군가와 문제를 겪는다면, 또는 내 안의 문제와 맞닥뜨리게 된다면, 우선 만나기를 바라는 그림책이다.

아이들에게만은 절대로 꼰대가 되고 싶지 않아요!

1-3. 교사는 뭐든 다 해야지

[교사들의 사전]

| 학교에서 교사는 만능 해결사 | 교사는 학교 전반의 다양한 일들을 전공과는 상관없이 맡으면 무조건 해내야 하는 사람이다. |

특별한 초등학교 교사의 시작

보통 초등학교 교사는 교대를 졸업하지만 나는 일반대학교 음악대학을 나와서 초등학교 교사가 되었다. 교생실습은 중등에서 하고, 교직 생활은 초등에서 하는 것이다. 강원도의 초등학교는 동문으로 이루어진 경우가 대부분이고, 부부 교사도 많아서 교사 간 친밀함이 두텁고 서로 알고 지내는 사이도 많다. 그래서 소심하고 내성적인 나에겐 처음 학교생활에 적응하기가 힘들었다.

또 음악을 전공해선지 맡은 업무도 합창, 고적대, 오케스트라 등 눈에 띄는 것이어서 내성적인 나를 더욱 힘들게 했다. 요즘엔 음악방송으로 대체하지만 초임 시절에는 고적대가 운동장 조회를 할 때 행진곡과 의식곡을 연주했었다. 제대로 된 악기와 악보가 갖춰져 있지 않아서 악기에 맞게 편곡해서 연습시켰고, 운동회 때는 점심시간이 끝나고 오후 시간을 알리는 고적대 연주가 있었는데, 이를 위해 원주에서 열리는 따뚜공연장에 가서 대열을 참고해서 연습시키기도 했다. 아는 교사도 없고, 부탁하거나 상의할 사람이 없어 혼자서 아이들과 악기, 물품 등을 관리하느라 많이 힘이 들던 때였다.

그러다 내가 고적대에서 합창 업무로 바꿨을 때는 기존의 고적대 업무를 두 분의 선생님이 나눠서 하셨고, 이후 맡을 사람이 없어 학교에서 고적대는 사라졌다. 이후 맡은 오케스트라 업무는 오케스트라 창단부터 시작했던 경우라 처음 계획과 악기 구입부터 학생 모집, 강사 섭외에 이르기까지 매일매일이 수업보다는 행정적인 일로 분주했던 나날이었다.

어울림이라는 것

학교를 옮기거나 해가 바뀌면 맡은 업무가 구성원에 따라 바뀌는 경우가 허다하다. 처음 맡은 업무에는 당황스러워하지만, 일단 업무를 맡으면 척척 해내는 주위 선생님들을 보면서 교사는 만능 해결사라는 생각이 들었다. 전공을 하지 않아도 재능이 없어도 학교의 구성원으로서 주어진 일에 최선을 다하며 아이들을 위해 일하기 때문일 것이다.

지금에 와서 반추해 보니 어울림 없이 혼자의 힘으로만 해결하려고 했던 것이 나를 더욱 힘들게 했던 것으로 생각된다. 다른 학교를 나와도 현장에선 같이 근무하는 동료인데, 소심하고 먼저 다가가지 못하는 나의 성격으로는 도움을 청하는 방법을 몰랐고, 전공을 해서 더 잘해야 한다는 강박관념도 있어서 무슨 문제가 생기면 혼자서 해결하려고 했었다. 그래서 방학 때마다 여러 종류의 연수에 참가하느라 늘 바빴고, 대학원에서도 음악과 상담심리를 공부하는 등 맡은 일을 잘하려고 나름 고군분투한 시간이었다. 그런 시간이 모이고, 마음을 열고 먼저 도와주는 동료 교사도 만나면서 스스로 가졌던 문제와 강박에서 조금씩 멀어질 수 있었다.

내 교사의 삶은 그림책 『노란 우산』과 닮았다. 『노란 우산』은 기본적인 색과 음으로 시작하여 배경이 되는 장소에 따라 이야기가 엮어지는, 기존의 그림책과는 다른 조금은 특별한 그림책이다. 그림책 『노란 우산』에서 각 우산들이 등교하는 과정에서 서로 가까워졌다 멀어졌다 하면서 어우러지는 모습이 나의 학교생활을 떠오르게 한다. 또 그림책 『노란 우산』이 기본적인 색과 음으로 시작하여 배경이 되는 장소에 따라 이야기가 엮어지고 기존 그림책과 다르게 음악과 함께 독자들을 만나듯, 나의 교사 생활의 시작도 특별했다. 특별한 『노란 우산』 그림책처럼 어쩌면 나에게도 음악이 있었기에 아이들을 만나 특별한 시간을 보낸 것이리라.

　　20여 년이 지난 지금은 편안한 마음으로 학교생활을 하고 있다. 물론 혼자서 하기 힘든 일이 있을 때는 주위에 도움을 청하기도 하면서 말이다. 음악 전공의 꼬리표도 지금은 좋다. 저학년일 때는 동요로, 고학년일 때는 악기로, 우리 반 아이들과 어울릴 수 있는 시간을 만들고 있기 때문이다.

　　지난여름 방학식 때 했던 우리 반 작은 음악회가 생각이 난다. 비록 서툴고 아쉬운 진행과 연주였지만 아이들이 친구들과 어울려 연습하고, 함께 연주하는 모습이 보기 좋았다. 아이들이 겨울 방학식 때는 선생님들을 초대해서 조금은 커다란 음악회를 열고 싶다는 말이 귀엽기도 하고 대견하기도 하다. 『노란 우산』처럼 아이들과 음악이 함께 어우러진 행복한 교실을 만들고 싶다. 비가 오는 날이면 『노란 우산』으로 수업을 하며 아이들과 이야기를 나누고 싶다. ♥양정희

『노란 우산』(류재수 지음 | 신동일 작곡 | 보림 | 2007년)

『노란 우산』은 그림으로만 구성되어 있고, 책을 읽을 때 음악이 함께 한다는 것이 특별한 그림책. 첫 장은 집 앞에 노란 우산이 등장한다. 이후 파란 우산, 빨간 우산이 차례로 나타난다. 색채적인 면에서 노랑, 파랑, 빨강의 기본색으로 시작하여 다양한 색의 우산이 어우러진다. 배경은 골목길, 상가, 다리, 놀이터, 분수대, 계단, 샛길 건널목, 횡단보도를 지나서 마지막 건물에 우산들이 우산꽂이에 모두 모여 있는 장면으로 끝이 난다. 사용된 주제 선율도 으뜸화음인 도·미·솔로 시작하여 리듬과 음역이 확장되면서 그림에 맞는 풍성한 음으로 채워진다. 이것은 그림과 음악이 함께 어우러지면서 독자들이 마음껏 상상의 나래를 펼칠 수 있도록 하여 평범한 등굣길에서 여행의 행복을 만나게 독려한다.

아이들과 음악이 함께 어우러진 행복한 교실을 만들고 싶어요.

1-4. 교사들의 직업병

[교사들의 사전]

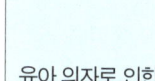

| 유아 의자로 인한 허리디스크 | 유아들이 사용하는 의자에 앉아 수업하다가 발생하는 질병이다. 유치원 교사에게서 흔히 볼 수 있다. 이 질환을 예방하기 위해서는 성인 체격에 적합한 의자를 사용해야 하나 교실의 상황을 고려한다면 쉽지 않다. 원에 따라서는 유치원 교사가 편안하게 앉을 수 있도록 설계된 의자를 배치하여 교사의 건강을 배려하기도 한다. |

직업병

수업 중 종종 아이들이 사용하는 의자에 앉아야 할 때가 있다. 문득 허리의 안녕이 궁금해진다.

"허리야, 괜찮니?"

우리 반 환경은 늘 반 아이들을 위해 모든 것이 구비되고 조성되어야 한다고 생각했다. 책상도, 의자도, 교구도, 자료도 전부 다 말이다. 그리고 그것은 지극히 당연하고, 마땅한 일이었다. 유아의 권리를 보장하기 위해서니까. 그러던 어느 날 문득 이런 생각이 든다.

"그렇다면 나는?"

아이들이 지내는 교실이니 당연히 아이들의 키, 몸무게 등을 고려하여 환경이 조성되는 것이 마땅하다. 다만 그 교실 속에서 함께 생활하는 교사의 권리도 존중해 주었으면 좋겠다. 사소해 보이지만 의자 역시 마찬가지이다. 아이들이 사용하는 의자에 교사가 오랜 시간 앉아서 활동을 하다 보면 허리 디스크가 발병할 확률이 높아진다. 좌판이 넓지 않고, 의자의 다리 길이가 짧아 필연적으로 허리에 무리가 올 수밖에 없는 구조이다. 그래서 나는 때때로 바닥에 앉거나 무릎을 꿇고 수업을 진행하기도 했다. 그러나 교사의 이런 모습을 불편하게 여기는 관리자(원장, 원감)들도 있다. 결국 이 문제를 해결하는 바람직한 방법 중 한 가지는 교사의 체격을 고려하여 각 교실에 교사용 의자를 비치하면 어떨까?

그림책『내 의자』속에는 다양한 의자가 등장한다. 아기가 앉을 수 있는 작고 귀여운 의자, 아빠가 마음껏 휴식을 취하는 소파, 엄마가 화장할 때 사용하는 작은 의자, 할머니가 뜨개질하실 때 앉는 흔들의자, 그리고 주인공인 내가 사용하는 특별한 의자까지….『내 의자』에는 같은 공간을 사용하는 모든 사람들이 편안하게 사용할 수 있도록 의자를 비치한다. 유치원 교실 또한 그러했으면 좋겠다. 유아의 권리도 존중받고, 교사의 권리도 존중받는, 그래서 서로의 권리를 존중하는 것이 모두에게 행복한 그런 교실 말이다. 그때까지 내 허리가 잘 버텨주기를! ♥김한나

『내 의자』(한라경 글 | 유진희 그림 | 리틀씨앤톡 | 2017)

다양한 의자와 다양한 의자를 좋아하는 다양한 이유, 그리고 다양한 의자를 좋아하는 다양한 사람들의 모습까지, 그림책 『내 의자』에는 다양한 의자를 필요로 하는 사람들의 권리를 존중하는 이야기가 담겨 있다. 예쁜 의자들을 구경하는 재미도 쏠쏠하니 궁금한 사람들은 어서 그림책을 펴서 내게 맞는 의자를 찾아보기 바란다.

1-5. 나의 목소리

[교사들의 사전]

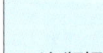

| 성대결절 | 목소리를 많이 쓰는 교사들에게 자주 나타나는 질병이다. 교사들에게 흔히 발병하는 질병 중 하나로 성대결절이 생겨도 업무를 쉬거나 일을 안 해도 되는 것은 아니다. 성대 결절로 목이 아파도 아이들을 가르치고 업무를 해내야 한다.

말을 할 수 없게 되었다

교직 생활을 시작한지 4년째 되던 해, 나는 목소리를 잃었다.

수업뿐만 아니라 아이들의 생활에 대해서도 반복해 지도해야 하는 유치원 교사에게 목소리는 필수불가결한 요소다. 단팥빵에 들어있는 팥처럼, 최신 스마트폰에 내장된 고사양의 카메라처럼. 그런데 목소리를 잃다니….

의사 선생님은 담담한 어조로 말했다.

"성대결절입니다. 사람들이 이상하게 보더라도 말을 적게 하셔야 합니다."

'아뿔싸! 방학까지는 한 달이 남았고, 나에겐 2학기가 있다. 목소리가 회복될 수 있을까?' 그야말로 나에겐 천재지변이었다.

딸랑딸랑~ 핸드벨로 말해요

처음에는 목소리가 아예 나오지 않았다. 며칠이 지난 후에는 꽥꽥거리는 쉰 목소리지만 조금씩 말이 나왔다. 이런 나를 보며 아이들은 할아버지 같다고 했다. 평소 아이들이 나의 나이를 물어볼 때마다 "선생님은 할머니야."라고 말했는데 그 말이 현실이 되었다. 쉰 목소리는 나을 기미가 안 보였고, 매일 교실에 들어가야 하는 나는 고심 끝에 핸드벨을 들었다.

"얘들아, 핸드벨 소리가 들리면 이야기 나누는 자리로 모이는 거야."

딸랑딸랑~ 핸드벨의 경쾌한 소리와 함께 아이들은 뭉치고 흩어졌다. 때에 따라서는 손짓과 몸짓으로 생각을 전하기도 했다. 눈치 있는 아이들은 내 생각을 재빨리 읽어냈지만 그렇지 못한 친구들은 답답해했다. 목소리에도 무게가 있었던 걸까? 새삼 목소리가 가진 힘이 대단하다는 것을 느꼈다.

몇 개의 단어와 몸짓으로 재잘거리던 너

쉰 목소리가 지속될수록 하준이(가명)가 떠올랐다. 숟가락이라는 단어 대신 오른손으로 숟가락을 드는 동작을 했던 아이.

"① 엄마―,

② 나―,

③ (자신의 가슴을 두 번 치며),

④ (오른손, 왼손을 번갈아 가며 태권도 동작을 한다),

⑤ (오른손과 왼손을 교차하여 ×를 만든다)"

고 했던 아이('엄마가 오늘 저 태권도 학원 가지 말랬어요.'라는 뜻)! 이렇게 스무 개도 채 되지 않는 단어와 몸짓으로 자신의 생각을 전달했던 하준이가 생각났다.

발달장애 유아인 하준이는 다른 사람들의 말을 듣고 이해하는 것에는 능숙했으나 자기 생각과 감정을 음성언어로 표현하는 것에는 어려움이 많았다. 악어를 좋아했던 하준이는 '악어'라는 단어 대신 양팔을 쫙 벌리며 악어의 입을 표현했고, 포켓몬스터에 등장하는 잠만보를 말할 때도 "맘맘보"라고 말했다. '문어의 꿈'을 듣고 싶을 때는 노랫말이 아닌 멜로디를 흥얼거렸고 그러면 나는 '문어의 꿈' 뮤직비디오를 하준이와 함께 시청하곤 했다. 하준이의 모든 일상생활을 알 수 없었던 나는 하준이가 말한

"① 아빠ㅡ, ② 차ㅡ"

라는 두 개의 단어를 듣고

"주말에 아빠 차 타고 놀러 갔니?"

라며 내용을 유추하곤 했다.

하준이와 원활한 의사소통을 하기 위해서는 하준이의 일상생활 전반을 알아야 했다. 그러나 그것은 불가능했고 나와 우리 반 아이들은 하준이가 말하고자 하는 바가 무엇인지 정확하게 알지 못하는 순간들이 비일비재했다.

나의 목소리, 나의 언어, 나의 세계, 그리고 우리

하준이처럼 그림책 『말하고 싶은 푸름이의 목소리』의 푸름이는 음성언어로 표현하는데 어려움이 있고, 그런 푸름이를 보며 주변 사람들은 이야기한다.

"자기 생각이 없는 장애인!"

목소리가 없는 발달장애인은 자기 생각이 없는 걸까? 자신의 마음을 음성

언어로 표현하지 않으면, 손짓과 몸짓으로 이야기하면 불쌍한 사람인 걸까? 푸름이에게

"너는 어떻게 생각하니?"

라고 물어보기만 했어도 푸름이는 자신의 생각을 말했을 것이다. 표현의 기쁨이 무엇인지, 다른 사람과 생각을 공유하는 것이 얼마나 멋진 일인지 더 일찍 알았을 것이다.

하준이는 하고 싶은 이야기가 많은 수다쟁이였다. 점심을 먹으면서도 내 팔을 톡톡 치고는 검지로 악어의 등이 뾰족뾰족하다고 몸짓으로 표현했다. 자신이 좋아하는 면 요리가 급식으로 나오면 면을 먹으며 "음~"이라고 흡족한 마음을 나타내기도 했다. 표현하는 방법이 달랐을 뿐 하준이의 머릿속에는 아직 알아차리지 못한 수많은 이야기가 담겨 있었고, 나는 그 이야기가 궁금했다. 하준이가 푸름이처럼 다른 사람들에게 불쌍한 존재로 비치기 전에 하준이의 마음속 이야기를 모두와 함께 공유하고 싶었다.

스무 개 가량의 단어를 표현하는 성대의 울림, 반짝이는 생각과 감정을 그려내는 손짓과 몸짓, 그리고 그 안에 담긴 무궁무진한 이야기들. 그것은 하준이의 목소리이고, 하준이의 언어이며, 하준이의 세계이다.

그리고 우리의 목소리와 언어는 곧 우리의 세계이다. 만나는 모두가 각자만의 표현 방법으로 향유하는 세계를 통해 우리의 세계가 더 깊어지고 더 넓어지길 소망한다. 그래서 우리의 세계가 조금보다 더 따스해졌으면 좋겠다. ♥김한나

『말하고 싶은 푸름이의 목소리』(서재경 글 | 윤가진 그림 | 빨간콩 | 2023)

목소리를 중심으로 이야기가 전개되는 새로운 시각의 그림책이다. 푸름이의 목소리, 푸름이를 둘러싼 사람들의 목소리를 들으며 혹시 나도 모르게 갖고 있는 편견은 없는지 살펴보면 어떨까?

제2장

교사의 습관

먼 우주에서 보면

나는 아주 작은 먼지와도 같은데,

그런 거치고는 너무 고생이 많다.

2-1. 교사의 회식

[교사들의 사전]

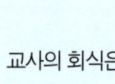

교사의 회식은 금요일에!	매일 학생들과 생활하는 교사는 8시 30분부터 아이들이 하교하는 3시까지 아이들과 같은 공간에서 토끼처럼 부지런히 생활해야 한다. 그래서 회식을 한다는 건 사실 교사에게 큰 부담이다. 다음 날 잊지 못할 실수도, 학생들에게 보이지 말아야 할 모습도 너무 많다. 그래서 교육 활동에 부담이 없는 금요일로 회식을 정하기도 한다.

갈팡질팡 내 마음

"띠리리 띠리리 띠리리"

재빨리 침대 옆으로 손을 뻗어 핸드폰 알람을 끈다. 몸과 마음을 건강히 하고자 새벽 운동을 시작했다. 나에겐 너무 어렵던 배드민턴 콕이 다른 회원들과 비슷하게 맞아가는 즐거움에 근래 나는 우리 배드민턴 클럽의 출석왕이다. 새벽 운동을 한 만큼 살아나는 입맛 덕분에 다이어트는 실패하지만, 부지런히 산다는 자기만족과 이른 기상으로 우리 집의 하루 시작이 빨라지고 여유 있어졌다. 새벽 운동 전에는 출근 직전이 되어서야 일어나서 허둥지둥 집 안 정리도 못하고 출근하였지만, 지금은 아침도 적당히 챙겨 먹고, 집도 살짝 정리하고, 아이들 등교 준비도 신경 쓸 수 있게 되었다. 아침이 빨라졌다고 하지만 아무리 열심히 한 집안일이라도 뒤돌아보면 또 있다는 이야기처럼 집안일만큼은 퇴근 후에도 여전히 쌓여있다는 것이 함정이다.

아내와 결혼하여 아이 둘을 낳고 키우다 보니 저녁 시간이면 많은 제약이 있다. 그러다 뜻밖의 저녁 약속을 만나면 괜스레 들뜬다. 오랜만의 회식처럼 말이다. 아내에게는 미안하지만, 약속이 있는 날은 퇴근 후 집에 가서 해야 하는 집안일도 내 몫이 아니다. (오해 마시길, 나의 아내는 나보다 훨씬 많은 육아와 집안일을 한다.) 아이들의 귀가 시간에 맞춰 퇴근을 해야 하는 압박이 없기에 조금은 더 여유롭게 내일 아이들을 가르칠 수업 준비와 밀린 업무를 한다. 홀로 있는 교실에 내가 좋아하는 노래를 튼다.(몸을 쓰는 일을 할 때는 신나는 최신가요로, 머리를 써야 하는 일을 할 때는 가사 없는 경음악을 선호한다.) 모데라토의 경음악을 틀어놓고 기한이 남은 업무 계획서도 미리미리 쓰고, 내일 수업 준비는 더욱 철저하게 한다. 아이들이 좋아할 만한 재미있는 영상도 찾아 놓고, 플래시 카드도 미리 잘라놓는다. 불현듯 약속 시간에 가까워지자 고심한다. 오늘 모임에서 소주를 곁들일지, 맥주를 곁들일지, 아니면 둘 다를 할지 말이다.

알코올 흑역사

나의 첫 교사 첫 발령은 강원도 원주에 위치한 제법 규모가 있는 초등학교였다. 7월 말 갓 제대를 한 초임 선생님이며, 신체 건장한 남성이라 교사들이 다소 기피하는 체육 전담 업무를 맡게 되었다. 열정 가득한 초임 교사였던 나는 뭐든 열심히 하려 했다. 부족한 점은 배우고, 잘못된 점은 즉시 고치려고 하였다. 5개월이 지난 2010년 12월, 선생님들은 일 년을 되돌아보며 잘된 점과 보완할 점을 서로 공유하는 평가회와 1년을 마무리하는 의미에서 회식을 가졌다. 햇병아리 선생님인 나에게 뜻밖의 많은 칭찬과 격려, 그리고 적당량의 알코올이 내 몸의 아드레날린을 최고조로 끌어올렸다.

아침에 눈을 뜨니 머리가 지끈지끈, 속은 메스꺼린다. 더 아프고 슬픈 건 전날의 기억이 사라진 것이다. 이때부터 핸드폰과 단편적인 기억들로 과거를 추적하기 시작한다. 내가 어떻게 집에 왔는지. 선생님들에게는 실수하지 않았는지. 헤어진 여자친구에게 전화하지 않았는지. 하지만 이런 건 중요하지 않다. 이미 지나간 일이니 나중에 생각해도 된다. 더 급한 건 출근 시간이 얼마 남지 않았다는 것이다. 지각하는 아이들에게 주의를 주었던 과거를 떠올리며, 선생님으로서 지각은 용납되지 않는다. 알코올이 미처 분해되지 못하여 내 몸 밖으로 분출되는 것 같지만 지각만은 절대 안 된다.

알코올을 머금고 수업을 시작한다. 아이들이 가장 좋아하고 기다리는 수업이 체육수업이기에 수업은 특별한 상황이 아닌 이상 운동장이나 체육관이어야 한다. 속으로 안도한다. 운동장에서 수업을 하기에 조금이나마 아이들에게 알코올 냄새를 숨길 수 있다. 쉬는 시간마다 차가운 냉커피나 음료수를 마시며 한 시간 한 시간 견뎌낸다. 몸은 여전히 아프다. 하필 오늘이 수요일이다. (참고로 초등학교 급식의 경우, 매주 수요일은 카레, 짜장, 비빔밥, 오므라이스, 볶음밥 등 한 그릇 음식이 주로 나온다.) 메뉴는 내가 좋아하는 카레와 치킨이다. 하지만 오늘만큼은 내 몸에서 더 이상의 음식 섭취를 원하지 않는다고 신호를 보내기에 어쩔 수 없이 남는 시간에 보건실로 간다. 보건 선생님께 부끄럽지만 사정을 말씀드리고 알람을 맞춘 후 잠시 눈을 붙인다. 잠깐 눈을 감았을 뿐인데 30분이 지났다. 시간이 되었다는 것을 알지만 내 몸이 내 의지대로 움직여지지 않는다. 잉크가 물에 퍼지듯 미처 흡수되지 못했던 알코올이 잠깐의 휴식으로 인해 내 몸 곳곳에 다시 흡수되는 느낌이 든다. 방법이 없다. 평소 그림책을 좋아하고, 그림책도 출판하셨던 6학년 5반 이O혜 선생님께 전화를 드린다.

"선생님 죄송해요. 제가 너무 아파서 6교시 체육수업을 할 수 없을 것 같아요."

핸드폰 너머로 걱정스러운 목소리로

"수업은 걱정하지 말고 얼른 나오세요."

라고 말씀하신다. 쥐구멍이 있다면 정말 들어가고 싶은 날이다.

철인 선생님

유설화 작가의 『슈퍼거북』, 『슈퍼토끼』에서 나오는 거북이는 토끼에게 경주를 이겼다는 이유만으로 토끼처럼 행동해야 했다. 태생이 거북이 같은 나에게 8시 30분부터 아이들이 하교하는 3시까지 아이들과 같은 공간에서 토끼처럼 부지런히 생활해야 하는 것은 쉬운 일이 아니다. 아이들은 할 얘기도 많고, 할 것도 많다. 수업 시간은 수업해야 하기에 집중시킬 수 있지만 쉬는 시간에는 아이들의 시간이다. 쉬는 시간, 선생님은 같은 공간에서 아이들의 안전을 지키고 불만 사항을 접수하는 경찰과 상담원이 되어야 한다. 그리고 같은 수업을 반복해서 하는 것이 아니라 매 시간마다 다른 과목을 가르쳐야 하기에 틈틈이 다음 수업 준비를 한다. 점심시간에는 아이들 배식과 식사 습관까지 지도하다 보면 식은 밥을 먹기 일쑤다. 하지만 점심시간에 놀기 위해 빠르게 밥을 먹고 나간 아이들 덕분에 잠시 숨 돌릴 수 있는 시간을 갖는다. 식은 밥이 대수랴. 나에게 말을 걸지 않고, 온전히 혼자 조용히 밥을 먹을 수 있는 시간에 감사함을 갖는다. 이어진 오후수업까지 마치면 잠시 숨을 돌린다. 아이들이 하교한 빈 교실에 앉으면 맞지 않는 옷을 입어

폭싹 늙어버린 거북이처럼 나도 폭삭 늙은 기분이 든다.

선생님들의 회식은 무조건 금요일이다. (일반화시킬 수는 없지만, 환영회나 송별회와 같이 특별한 행사가 아니면 선생님들의 회식은 주중을 피한다.) 금요일에 할 수밖에 없다. 우리 아이들은 짧게는 4시간, 길게는 6시간까지 학교에서 생활한다. 학교에는 친구들도 있지만 아이들에게 가장 큰 영향을 미치는 것은 선생님이다. 아이들은 잠자는 시간을 제외한 시간 중 절반이 선생님의 컨디션에 따라 영향을 받는 것이다. 과음으로 인해 선생님의 몸 상태가 좋지 않아서 1교시 국어 시간에 교과서 지문을 제대로 가르치지 못했다면, 그 반 아이들은 해당 내용을 따로 복습하지 않는 이상 다시 배울 수 없다. 그리고 재잘거리는 아이에게 피곤하다는 이유로 말을 들어주지 않는다면 큰 상처를 주게 될 것이다. 그래서 선생님은 학교에서 아이들을 만나는 날만큼은 몸과 마음과 정신이 누구보다 건강한 철인이 되어야 한다. 주중에 음주는 물론이거니와 선생님들 사이에서 우스갯소리로 선생님은 학기 중에 아프지 말고, 방학 때 아파야 한다고 말한다.

"선생님, 선생님한테서 아빠 냄새나요."

2학년 아이들과 지내던 어느 날, 전날 가벼운 술자리였음에도 아이들은 귀신같이 알아챘다. 무슨 의미로 이야기했는지 모르겠지만 나를 아빠처럼 생각해 주는 것 같다는 착각에 기쁘면서도 정말 미안한 마음이 든다. 귀신같이 알아채고 선생님에게 일러준 아이를 탓하지 않고, 교실에서의 소중한 하루를 지켜주기 위해 절제를 하였건만 알코올에 취약한 내 몸을 탓해 본다. 그리고 내일은 알코올 아빠 냄새가 아닌 향기로운 아빠 냄새로 아이들을 맞이하리라 다짐한다.

아이들의 귀한 하루를 위해

오늘은 운동 삼아 여유롭게 회식 장소로 걸어간다. 여유로운 퇴근 시간으로 내일 수업 준비도 열심히 해두었고, 밀린 업무도 해 놓았기에 길가의 풀 냄새와 새소리까지 행복하게 느껴진다. 살짝 땀이 나는 것도 오늘따라 상쾌하다. 운전하지 않고 모임 장소로 가지만 오늘은 소주나 맥주를 곁들이지 않기로 결정했다. 오랜만의 모임이라 아쉽지 않다면 거짓말이다. 몸이 이겨낼 수 있는 알코올의 양은 비록 작지만 지인들과의 시간에 먹는 알코올은 음식 이상으로 기분을 좋게 하는 묘약이다. 그럼에도 오늘은 알코올의 빈자리를 수다로 채워볼까 한다, 아이들의 귀한 하루를 위해! 모임에서 누군가 나에게 술을 권한다면 이렇게 얘기하고 싶다.

"제 몸에 알코올 채우는 대신, 오늘은 선생님 이야기로 채울게요."♥전준호

사실, 회식하면

이야기보다 소주를 좋아해요!

『슈퍼거북』(유설화 글그림 | 책읽는곰 | 2018년)

『슈퍼토끼』(유설화 글그림 | 책읽는곰 | 2020년)

거북이 꾸물이는 경주에서 토끼를 이긴 뒤, '슈퍼 거북'이라는 별명을 얻게 된다. 그런데 거북이 꾸물이는 이 상황이 마냥 좋기만 했을까? 이웃들의 기대를 저버리지 않으려고 진짜 슈퍼 거북이 되기 위한 눈물겨운 훈련을 게을리 하지 않는다. 토끼만큼이나 빠른 진짜 슈퍼 거북이 되었지만 하나도 행복하지 않다. 딱 하루만이라도 느긋하게 자고, 여유롭게 먹고 싶고, 전처럼 천천히 걷고 싶다.

반대로 꿈에도 생각지 못한 패배를 맛본 토끼는 달리기를 그만두기로 한다. 더 이상 빠르게 달리지 않고, 천천히 천천히 움직여 보려고 하는 데 토끼의 마음은 더 아파진다.

달리고 싶지 않은 거북이와 달리고 싶은 거북이, 끊임없이 남의 시선을 의식하고 그 기대에 부응하며 살아가는 것이 과연 행복인지, 그렇다면 진짜 행복은 무엇인지 생각해 보게 하는 그림책이다.

2-2. 아이와의 이별, 졸업

[교사들의 사전]

| 졸업 | 1년 동안의 만남을 뒤로하고 이별이 코앞에 다가왔다는 것을 공식적으로 확인하는 절차이다. 그래서 한 해가 마무리되는 겨울이면, 특히 한 해 동안 복작복작 함께했던 아이들과 만나는 마지막 날은 특히 더 가슴의 서걱거림을 호소하는 교사들이 많다. |

내 모든 세상인 아이들이 떠나는 날, 졸업식의 기억

그 겨울이 생각난다.

호-하고 입김을 불면 솜사탕처럼 하얀 입김이 부풀어 오르던, 오후 다섯 시만 되어도 하늘이 어둑어둑해지던, 그래서 여섯 시가 넘어 하늘을 올려다보면 '나, 여기 있어'라며 반짝거리던 별이 보이는 12월의 겨울이 말이다. '태백은 하늘과 가까운 도시라 별도 잘 보이나 보네.'라며 마음속으로 중얼거렸던 혼잣말도 기억이 생생하다. 이제 며칠이 지나면 졸업식이었다.

유치원은 다양한 활동과 행사로 늘 바쁘지만, 저경력 교사로 요령이 부족했던 나는 항상 더 정신이 없었다. 그래서 그랬나 보다.

"선생님 안녕하세요~^^ 1년 동안 아이들 사랑으로 가르쳐 주시고 바르게 이끌어 주셔서 진심으로 감사드립니다"

로 시작되는 학부모님의 문자를 퇴근길에서 보고 울컥했던 기억이 난다. 그 마음을 구석으로 꾹 밀어 넣으며 졸업식 날 울지 않겠다는 다짐을 했던 것도 떠오른다.

그 해의 아이들은 나의 모든 세계였다.

왜 이렇게 쓸데없이 비장하냐고 누군가 물어본다면 평소 유머러스함이 부족하기 때문이라고 답하면 될까? 아니면 반 이름처럼 아이들 모두가 반짝반짝 빛나서라고 말하면 될까?

나는 우리 반 아이들이 참 좋았다. 그래서 선배 교사들처럼 유능하지도 능숙히지도 못했지만, 아이들을 좋아하는 마음만큼 진심과 성실을 담아 최선을 다하고자 노력했다. 그게 그 시절의 내가 할 수 있는 모든 것이었다.

코로나19는 졸업식에도 어김없이 영향을 미쳤다. 비대면으로 이루어지는 바람에 우리끼리 모여 소박하게 졸업식을 진행했다. 서투르게 팔을 흔들며 지휘하는 나를 바라보던 우리 반 아이들의 진지한 눈동자가 지금도 눈에 선하다. 아마 그때 느꼈던 것 같다. 조촐한 이 졸업식에서 아이들은 스스로 자신들의 성장을 축하하며 씩씩하게 한 발을 내디뎠다는 것을 말이다. 그리고 이제 더 이상 우리 반 아이들이라고 부를 수 없다는 것을.

그럼에도 불구하고 나는 한동안 우리 반 교실 주변을 맴돌았다. 생활기록부 작성을 핑계로, 새 학기를 준비한다는 이유로 말이다. 그때마다 아이들은 초등학교 생활에 대한 기대감과 걱정, 일상의 이야기들을 나에게 들려주었고 나는 그저 그 이야기를 듣는 것만으로도 좋았다.

진짜 헤어짐

2월의 끝자락에서 교실은 다른 모습으로 변화한다. 올해의 나는 그 해의 아이들이 지냈던 교실에서, 그 해의 아이들이 사용했던 반 이름으로, 또 다른 아이들을 만나게 되었다. 아이들이 직접 쓴 이름표를 떼어내면서 툭- 떨어진 눈물은 이제 막 일곱 살이 된 아이들을 맞이하고자 깨끗하게 닦은 책상 위에 방울방울 그리움을 그린다.

어렵게 그리움을 지워낸 책상 위에서 나도, 그 해의 아이들도 새로운 3월을 시작했다. 다시는 볼 수 없을 것이라 생각했던 그해의 아이들을 다시 만난 것은 유·초 이음교육에서였다. 반가움과 조심스러움, 그 어딘가에서 주춤거리던 내게 의젓하게 인사를 건네던 아이들을 보며 나는 조그마한 바람을 가지게 되었다.

어차피 지워지겠지만, 내가 아이들의 기억 속에서 천천히 잊히길.
어차피 사라지겠지만, 내가 아이들의 추억 속에서 조금은 더 오래 기억되길.
이 바람은 나의 욕심이다.
그러나 내려놓을 수 없다. 왜냐하면 누군가에게 중요한 사람으로 기억되는 것을 짐스럽게 여기는 내가 아이들을 향해 그리움을 표현하는 유일한 방법이기 때문이다.

PS. 그 후의 이야기

편지를 받았다. 단발머리를 한 초등학생 여자아이가
"김한나 선생님에게 전해주세요."
라면서 은빛지킴이 선생님(아침 유치원 현관에서 아이들 등원을 도와줌)께 간식까지(!) 주었단다. 말을 들으며 나는 이 녀석의 사회성에 내심 감탄을 금치 못했다(나보다 낫군). 편지를 열어보니 내 모든 세상이었던 그 해의 아이 중 한 명이 스승의 날을 축하한다고 보낸 편지였다. 그 후에도 그 친구로부터 한 통의 편지를 더 받았다. 그것은 선생님을 사랑한다는, 울림의 편지였다. 졸업한 지 무려 2년이나 지났는데 나를 여전히 기억해 주다니! 아이들의 기억 속에서 천천히 잊히길 바라는 나의 바람을, 아이들의 추억 속에서 조금은 더 오래 기억되길 바라는 나의 마음을 더 간직해도 되는 걸까? 나는 조금만, 아주 조금만 더, 욕심을 부리기로 결심한다. ♥김한나

『당근 유치원』(안녕달 글그림 | 창비 | 2020년)

유치원의 매일이 궁금하다면? 그렇다면 그림책 「당근 유치원」을 만나면 어떨까? 사랑스러운 곰 선생님과 귀여운 토끼 친구들의 모습을 통해 유치원의 행복한 일상을 경험할 수 있다. 이렇게 하루하루를 보내며 쌓인 추억은 아이들과의 이별 후에도 교사의 마음에 남아 오랫동안 그리움으로 기억될 것이다.

『철사 코끼리』(고정순 글그림 | 만만한책방 | 2018년)

누군가를 그리워하신 적이 있는가? 그림책 『철사 코끼리』에 등장하는 데헷에게는 '얌얌'이 그런 존재이다. 그리움이 무엇인지 아는 사람에게는 위로가, 그리움이 무엇인지 아직 잘 모르는 사람에게는 데헷과 얌얌을 통해 그리움이라는 감정을 경험하는 시간이 될 것이다.

2-3. 아이들의 질문에 대처하는 자세

[교사들의 사전]

교사에게 아이들의 "왜?"	교실에서 아이들의 질문이 사라진다면 교실 풍경은 어떻게 변해 갈까? 　때로는 황당하고 엉뚱한 아이들의 질문을 설레는 기대감을 안고 나는 매일 기다린다. 질문이 사라지지 않는 교실을 지키는 교사이기를 바라면서.

아이들의 질문 "왜?"

　해마다 3월이면 맞이하는 새 학년, 새 교과서, 새 교실. 그리고 설렘과 기대와 불안을 말간 눈 속에 무덤덤함으로 갈무리하고 짐짓 태연한 척 교실로 들어오는 '새로운 아이들'. 한 해라는 장거리 레이스의 첫 출발을 알리는 모든 것은 나를 '여기'에 있게 한다.
　새 학년의 첫째 날이 늘 그렇듯이 선생님과 아이들의 첫인사와 소개는 연례행사이고, 이어지는 아이들의 질문은 해마다 어쩌면 그렇게 비슷한지 놀라울 따름이다. 그 첫 시간, 나와 아이들의 대화가 얼마나 나를 난감하게 하고 좌절하게 만드는지 아이들은 알고 있을까? 또 거리낌없는 당황스러운 질문에서 더 나아가 황당한 질문을 할 수 있도록 교사가 격려한다는 것을 아이들은 느끼고 있을까?

"선생님, 몇 살이세요?"

"안 가르쳐 줄 거니까 그런 거 묻지 마."

"왜요?"

"그냥. 너희들 놀랄까 봐."

"왜요?"

"비밀이야."

"왜요?"

"말하기 싫다니까!"

"아, 왜요?"

"알았어. 말해줄게. 백오십 살."

"와, 말도 안 돼!"

"어떻게요?"

"선생님들 나이는 다 그래!"

"왜요?"

약간은 난감하고 집요한 질문으로 아이들과 나의 대화는 시작된다. 학문적 진지함도 배움에 대한 열망도 한 톨 없지만, 이 질문 하나로 인해 한 해 동안 아이들은 때때로 나를 당황하게 하고, 백과사전이나 전문 서적을 뒤적이게도 하며, 인터넷 검색창을 심각하게 들여다보며 '앎'에 대한 갈망에 불타오르게도 한다.

"선생님, 시곗바늘은 왜 오른쪽으로 돌아요?"
"그러네. 벽시계, 손목시계, 바늘이 있는 시곗바늘은 모두 오른쪽으로만 돌아가는구나."
"왜 사람들은 시계를 이렇게 만들었을까요?"
"시계를 사용하기 전에 사람들은 해, 달, 물, 모래로 시간을 쟀대."
"어떻게요?"

"다음에 자세하게 말해줄게."

"왜요?"

"시간이 부족해."

"왜요?"

"오늘 공부해야 할 내용이 많아서 안 돼!"

"왜요?"

수학과의 시각과 시간 단원을 배울 때 모형 시곗바늘을 반복적으로 움직이며 시각 알아보기를 할 때, 지루함을 이겨보려는 의지를 담아 누군가 머뭇거리며 질문을 하기도 한다. 이 질문에 대해 나는 해시계의 원리를 땅에 꽂아 둔 막대기와 해, 그림자의 움직임을 그림으로 그리며 설명한다.

칠판에 그려진 해와 막대기와 그림자 그림이 아이들의 궁금한 마음을 말끔하게 해소해 주지 못할 것이라는 걸 몇몇 아이들의 흐릿한 눈 속을 들여다보며 나는 충분히 짐작할 수 있다.

그리고 즐거운 수업이 되기에는 턱없이 부족하다고 느끼는 몹쓸 찜찜함과 더불어 시간 부족을 탓하는 떳떳하지 못한 핑계와 갑갑함은 나의 알량한 양심을 쿡쿡 찌른다.

이런 날이면 나는 나를 '여기'에 있게 한 의미가 쪼그라들어 점점 작아짐을 느끼며, 내가 나에게 '왜'라는 질문을 해 본다.

'왜 나는 아직 여기에 머물러 있는가?'

'왜 내가 여기를 지키고 있어도 된다고 생각하는가?'

'왜 나는 때때로 필요한 만큼의 최선을 다하고 있다고 생각하는가?'

'교사로서 최선의 상한선과 하한선은 어디일까?'

내가 나에게 한 이 질문들에 대한 대답은 어쩌면 영원히 하지 못할지도 모른다. 사실 만족스러운 대답이 존재하는지조차 의문이다. 답을 찾지 못한 질문이 실타래처럼 머릿속에 엉킬 때, 나는 이 질문이 나 혼자만의 것은 아닐 것이라 확신한다. '잘 가르침', '잘 길러냄'을 목표로 '여기' 교실을 지키는 교사 대부분이 가진 근본적인 질문은 아닐까 생각해 본다.

오늘도 나는 아이들의 질문으로 마음속에 당혹스러움과 열정을 심고 그것이 자라나는 것을 지켜보며 송곳처럼 삐져나오는 약간의 불안을 스스로 다독인다. 교실에서 질문이 사라지지 않기를 바라는 간절한 마음과 내가 나에게 한 질문에 한 점 부끄럼 없이 당당하게 대답할 수 있기를 염원하면서. ♥우영숙

『어른들을 일깨우는 아이들의 위대한 질문』(제마 엘윈 해리스 엮음 | 김희정 역 | 임소정 그림 / 부키 / 2015년)

  이 책은 아이들의 반짝이는 상상력에 기반한 '왜?', '어떻게?'로 시작하는 질문에 대한 각 분야 전문가들의 답변을 엮어 만들었다.
  '벌레를 먹어도 될까요?', '세상은 왜 어른들 맘대로 하나요?', '꿈은 어떻게 만들어지나요?', '케이크는 왜 이렇게 맛있는 걸까요?', '왜 자기 자신을 간지럽힐 수 없나요?', '시간이 빨리 갔으면 좋겠다고 생각할 때는 왜 더 천천히 가나요?'와 같은 엉뚱하고 기발한 질문들.
  논리적이고 합리적인 사고에 길들어진 어른들은 선뜻하지 못할 질문을 초등학교 교실에서 마주하는 아이들은 '왜요?'라는 말을 앞세워 물어온다.
  모든 학문의 전문가는 아니지만 '왜?'라는 질문에 재미있고 진지한 대답으로 아이들의 기대를 저버리지 않는 교사에 한 걸음 다가가기를 바라는 분들께 아이들과 함께 읽기를 기대한다.

2-4. 나는 너보다 더 못했어

[교사들의 사전]

| 친구 적정인원 | 1명- 외로움을 타는 아이라면 너무 힘들다. 하지만 '나홀로족'이라면 천하태평. 같은 반에 나홀로족이 한 명 더 있다면 금상첨화.

2명- 우정 표시를 하는 등 서로를 집착함. 한 명이 출석을 못할 경우 많이 힘들어한다. 둘 사이를 끼어들려는 존재를 매우 경계함. 다투게 되면 크게 다퉈서 절교가 되는 경우가 많다.

3명- 관계 형성 초기에 잠깐 보이는 구성이다. 둘씩 짝을 지어 활동하는 경우가 많기에 불편함이 많은 구성이다. 한 명이 추가되거나 한 명이 분리되는 등 과도기적 인원 구성이다.

4명- 가장 이상적인 구성이다. 짝을 바꿔 가며 활동이 가능하기에 큰 문제 없이 지낼 수 있다.

4명 이상- 따로 또 같이 활동이 가능한 구성이다. 함께 지내다가 필요에 의해 2, 3, 4명씩 분리되는 구성이다. 다수의 인원이다 보니 같은 집단 내에서 싸움이 잘 일어나고, 따돌림이 생길 위험이 있다.

무서운 선생님

"앗, 늦었다."

어젯밤에 재미있는 드라마를 정주행하느라 늦게 잤더니 야심 차게 계획했던 새벽 운동도 못 가고, 늦잠을 자버렸다. 적은 수면 시간으로 몸은 천근

만근이다. 간신히 얼굴과 머리카락에 물만 묻히고, 고민 없이 제일 무난한 청바지에 노멀한 티셔츠 한 장 걸치면 오늘 출근 준비 끝이다.

하지만 출근까지 갈 길이 멀다. 성장기 아이들에게는 아침 식사가 매우 중요하다는 TV 속 의사 선생님 말씀대로 어떻게든 밥을 차려 먹이려고 아등바등 움직인다. 국 따위 끓일 시간은 없다. 냉동 밥을 전자레인지로 녹이고, 냉동실을 뒤적뒤적, 구석에 있던 치킨너겟을 발견하여, 기름 살짝 두르고 굽기 시작한다. 가스레인지 앞에서 치킨너겟을 볼 여유가 없다. 아내는 아내대로, 나는 나대로 아이들 등교 준비를 한다. 오늘 아침은 치킨너겟과 달걀후라이, 김, 밥, 그리고 우유 한잔이다. 소박한 찬이지만 아이들은 다행히 잘 먹는다.

"아들, 잘 다녀와. 사랑해. 여보도 좋은 하루."

다 같이 문을 나서며, 엄마와 인사한다. 우리 집 남자들은 다같이 출근한다. 아빠는 선생님, 아들 둘은 같은 초등학교의 학생이다. 작년까지만 해도 둘째를 어린이집에 데려다주느라 출근 시간이 빠듯했는데, 올해 둘째도 초등학교 입학을 해서 출근길이 한결 여유로워졌다. 하지만 오늘만큼은 아주 빠듯하다. 선생님에게 지각은 있을 수 없는 일이다. 지금 이 순간 안전하면서도 빠르게 운전하는 능력이 필요하다. 출근하는 길, 상습적으로 막히는 교차로는 다행히 무사통과다. 아, 이런. 기차를 만났다(태백은 기찻길을 중심으로 시가지가 형성되어 있어 기차가 가는 중에는 차단기로 교통을 통제한다). 상습 정체 구간을 잘 빠져나왔다고 좋아했는데, 더 큰 난관을 만났다. 이건 운전자 간의 눈치싸움이 통하지 않는다. 무조건 기차가 지나갈 때까지 기다려야 한다. 시계를 초조하게 계속 쳐다본다. 아이들도 덩달아 초조해한다.

"괜찮아, 조금 늦어도 돼. 안전하게 가는 게 제일 중요한 거야."

애타는 속마음을 숨긴 채 학교 선생님처럼 아이들에게 정답을 말해준다. 하지만 지각이다. 아깝다. 딱 2분 늦었다. 교문에서 학생 교통안전 지도를 하시는 교감 선생님께 꾸벅 인사를 하며 학교로 들어간다. 더 무서운 선생님이 기다리고 계신다. 서둘러야 한다. 주차장에 주차하고, 우리 집 아들들과 인사를 한 뒤, 잰걸음으로 서둘러 교실로 향한다. 역시나, 복도에 무서운 선생님이 버티고 계신다. 선생님이 오기만을 기다리는 꼬마 선생님들이다.

"선생님! 오늘 지각이에요! 왜 이렇게 늦게 오시는 거예요!"

잘못한 게 있는지라 절로 어깨가 움츠러든다.

나도 학교 가기 싫어

무섭지만 귀엽고 예쁜 선생님들과 손을 잡고 교실로 향한다. 선생님과 장난치고 싶어서 기다리고 있었던 아이들에게 짐짓 무서운 표정을 지으며, 아침 독서를 하라 다그친다. 한 학기 동안 같이 생활했기에 아이들도 선생님의 표정과 말투가 장난임을 금세 알아챈다. 선생님과 짧은 티키타카 토크 후에 하나둘씩 자리에 앉아 책을 읽기 시작한다. 나도 같이 책을 펼친다. 혼란하고 혼란했던 아침을 보냈는데 글씨가 눈에 들어올 리 있겠는가. 책을 보는 척하며, 잠깐의 여유를 부린다. 아차! 다시 정신을 다잡는다. 이러고 있다가는 오늘 하루가 엉망이 된다. 어제 준비했던 수업 준비를 다시 한번 검토하고, 메신저의 쪽지를 확인한다. 갑자기 핸드폰 진동이 울린다.

"선생님, 지완이(가명)가 학교를 너무 가기 싫어해요."

가슴이 철렁 내려앉는다. 평소에도 등교가 늦었던 아이여서 오늘도 크게 걱정하지 않았는데, 무슨 일이 생겼나 보다. 조심스레 어머님께 여쭙는다.

"무슨 일 있나요? 혹시, 제가 너무 무섭거나 서운하게 한 게 있어서 그런 걸까요?"

"아니에요. 선생님 때문이 아니라 친구들이 섭섭하게 하나 봐요."

내 탓이 아니라는 말에 크게 안도하며, 문제 해결에 전투적인 자세로 임한다. 직장을 다니느라 잘 챙겨주지 못했던 자식이 갑자기 학교에 가지 않는다고 하면 얼마나 속상하고, 부모 자신을 자책할지 보지 않아도 안다.

"어머님, 우선 학교를 보내주세요. 제가 지완이 마음을 잘 살펴볼게요."

전화를 끊고, 몇 분 뒤 풀 죽은 얼굴을 한 지완이가 교실로 들어온다. 지완이를 보며, 불현듯 이 말이 솟구친다.

"지완아, 사실 선생님도 학교 가기 싫었어."

호랑이와 민들레

유독 지치는 오늘 아침, 나의 속마음을 감추고, 재빨리 그림책을 찾는다. 아이들의 문제를 스스로 생각할 시간을 주는 데 그림책만큼 좋은 콘텐츠는 없다. 친구 때문에 마음고생하는 지완이를 위해 어떤 책을 보여줄 지 차근차근 살핀다. 찾았다. 오늘 고른 책은 이지은 작가의 『친구의 전설』이다. 1교시 국어 시간, 아이들에게 선심 쓰듯이 교과서가 아닌 그림책으로 시작한다.

"옛날, 옛날, 한 옛날에, 성격 고약한 호랑이가 살았어."…,

"맛있는 거 주면 안 잡아먹지."

"너 또 말썽이냐곰."

"호랑이, 우리 이제 친구지?"

"아… 친구. 그래 우리 친구지."…

지완이를 위해 고른 책이긴 하지만 우리 반 모두에게 하고 싶은 말이기도 하다. 호랑이와 민들레의 이야기를 떠올리며 '친구'의 의미를 생각해 보라며 아이들과 한 번씩 눈맞춤을 한다. 그리고 '짝!' 나의 큰 박수 한 번으로 분위기를 환기하며, 국어 교과서를 꺼낸다.

쉬는 시간마다 지완이를 살핀다. 갑자기 불러내면 오히려 친구들의 관심을 끌 수 있기에 지완이와 단둘이 이야기할 수 있는 타이밍을 잰다. 신체 놀이 활동으로 준비한 3교시 시작 전 아이들에게 화장실을 다녀오라 한다. 몸 놀이에 들뜬 아이들이 부리나케 화장실로 가는 타이밍에 자연스럽게 지완이를 부른다.

"지완아, 그동안 많이 속상했지? 엄마한테 들었어. 선생님이 잘 알아주지 못해서 미안해."

"선생님이 지완이를 돕고 싶은데, 왜 속상했는지 알려줄 수 있겠니?"

답은 이미 예상했다. 우리 반에서 가장 터프하게 노는 하준이(가명) 때문일 것이다. 거칠게 노는 남자아이들의 경우, 친구들에게 환영받지 못한다. 마음씨 넓은 지완이가 근래 하준이와 잘 어울려 놀았는데, 그런 와중에 일이 터진 것이다. 지완이의 이야기를 듣고 안도의 한숨을 쉰다. 저학년 남자아이들 사이에 발생하는 흔한 문제다.

3교시 수업을 마친 후 쉬는 시간에 하준이와 지완이를 부른다. 『친구의 전설』의 호랑이처럼 거칠게 놀거나 친구를 괴롭히는 행동은 잘못된 행동이라고 말해준다. 서로에게 호랑이처럼 상처를 준 적이 없는지 생각해 보라고 하니, 지완이의 표정을 보고 눈치를 챘는지 하준이가 냉큼 말한다. 서로의 말을 들어주고 나니 언제 싸웠냐는 듯이 다시 놀기 시작한다. 참 귀엽다. 오후에 지완이 어머님께 좋은 소식을 전할 수 있어서 다행이다.

선생님도 참 어렵더라

아이들의 학교생활에서 선생님이 차지하는 비중은 학년에 따라 조금씩 달라진다. 1학년으로 갈수록 교사의 개입 비중이 커지고, 6학년으로 갈수록 스스로 선택하여 행동할 수 있도록 기다리며 인내를 가져야 한다. 친구가 차지하는 비중은 선생님과 반대이다. 학교에서 배우는 가장 중요한 것은 눈에 보이는 교과서가 아니라, 눈에 보이지 않는 사회적 관계 맺기이다. 어른들도 벅찬데 우리 아이들은 얼마나 어려울까. 관계로 인한 어려움을 호소하는 대부분은 여학생이다. 남학생은 목적이 맞으면 관계를 떠나 잘 어울린다. 예컨대 남학생들은 축구가 하고 싶어서 함께 노는 것이고, 여학생들은 관계 유지를 위해 함께 화장실에 가준다.

초임 교사 때는 화장실에 같이 가는 여학생들을 이해할 수 없었다. 심지어 같은 칸에 들어간다는 이야기를 듣고 기절초풍, 문화 충격이었다. 심부름을 시키면 '누구누구랑 같이 가면 안 돼요?'라고 되묻는다.

매년 학기 초가 되면 아이들은 하교 후 넉다운이 된다. 친구 관계 형성을 위한 치열한 눈치싸움으로 심적 스트레스가 크기 때문이다. 관심 없는 척하며 세심하게 모두를 관찰한다. 1년을 의지할 단짝을 찾는다. 남들보다 빠르게 움직여야 한다. 관계가 형성되고 나서 끼어들려면 이미 한발 늦는다. 학기 말에는 다음 학년도 반 배정을 알려준다. 여기저기서 탄식이 터지고, 심하면 엉엉 울기도 한다. 아이들은 학교에서 해마다 새로운 관계를 맺는다.

일반적으로 교우관계를 형성할 때 이상적인 인원수는 네 명이라고 본다. 두 명만 친하면 서로에게 집착한다. 한 명이 교외 체험학습이나 아파서 결석하게 되면 자연스레 혼자가 된다. 그럼에도 다른 친구가 곁에 다가오면 견제한다. 세 명이 친하면 금새 분열되고 만다. 네 명 이상이 되면 돌아가며 따돌림으로 친구를 힘들게 하는 경우가 많다. 하지만 적정 친구 인원은 아이의 성향과 그해 만난 친구들에 따라서도 달라진다. 이 어려운 관계 맺기를 우리 아이들은 따로 설명해 주지 않아도 자연스레 습득하고, 성장해 간다. 학기 말에 친한 친구와 다른 반이 되어 크게 걱정하는 학생이 있다면 잘 지켜보라. 어느 날 복도에서 만났을 때 새로운 단짝과 즐겁게 놀고 있는 모습을 보게 되리라.

아이들에게 선생님은 슈퍼맨이다. 못 하는 게 없다. 공부도 잘하는데 악기를 치며 노래도 잘 부르고, 이단 줄넘기도 쌩쌩 넘고, 그림도 잘 그린다. 심지어 학교에 있는 수많은 사람들과 즐겁게 잘 지낸다. 하지만 선생님보다 아이들이 더 잘한다. 앞으로도 더 잘할 것이다. 우리 아이들은 어려운 삶의 기술들을 생각보다 더 잘 배워가고 있다. 그래도 시행착오는 겪는다. 오늘도 나는 친구 관계로 속상해하는 아이들에게 위로의 말을 건네기 전에 이 말부터 꺼낸다.

"괜찮아, 선생님은 너보다 더 못했어." ♥전준호

『친구의 전설』(이지은 글 | 웅진주니어 | 2021년)

『팥빙수의 전설』로 큰 인기를 끌었던 이지은 작가가 새로운 그림책이다. "맛있는 거 주면 안 잡아먹지!" 한마디로 친구들에게 장난을 일삼던 호랑이와 어느 날 갑자기 꼬리에 붙어버린 민들레의 이야기이다.

걸핏하면 '누렁이'를 연발하며 호랑이가 자기 몸에 붙었다고 세상 슬픈 척은 혼자 다 하고, 만나는 이웃들마다 반갑게 인사를 건네며, 도움이 필요하다 하면 앞뒤 안 보고 나서는 꼬리 꽃은 호랑이의 모든 것을 순식간에 바꿔 놓는다. 동네 말썽꾸러기 외톨이 호랑이와 오지랖 꼬리 꽃은 사이좋게 지낼 수 있을까?

친구가 필요하거나 친구가 되고 싶은 모든 아이들과 함께 읽어보면 좋은 그림책이다.

2-5. 아파도 학교에 간다

[교사들의 사전]

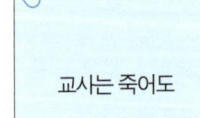
교사는 죽어도 학교에서 죽어야 한다는 말이 있다.

기침이 나온다. 기침을 하면 목이 끊어질 것 같은 고통이 온다. 그래도 나는 참고 학교에 출근한다. 교사는 아파도 대신 교사 역할을 해줄 사람이 거의 없다. 학교에 안 가는 자체가 동료 교사에게 부담을 전가하게 된다는 것을 알기에 아파도 학교에 간다. 그래서 교사는 죽어도 학교에서 죽어야 한다는 말이 있나 보다.

교사는 아프면 안 된다.

제대로 감기에 걸렸다. 새벽에 기침을 하다 잠이 깼다. 목이 너무 아파서 다시 잠을 이루기 힘들다. 다행인 건 여기 관사에 나 혼자라 가족의 단잠을 깨우지 않아도 된다는 것이다. 제일 먼저 든 생각은 수업 걱정이다.

'목소리가 안 나오면 어쩌지?'

'더 아프면 안 되는데!'

교사는 목을 많이 쓰는 직업이라 아프면 제일 먼저 신호가 오는 곳이 목이다.

다행히 아침이 되니 목소리가 나왔다. 수업을 할 수 있을 정도다. 씻고 출근한다. 여기는 3학급 복식학급이라 교사 한 명이 빠지면 학교에 주는 부담이 크다. 전부터 그래왔지만 되도록 몸이 아파도 학교에 출근부터 한다. 그리고 수업을 제일 우선순위에 둔다. 내가 아프면 우리 반 아이들 걱정이 먼저다. 또 나로 인해 동료교사들이 몇 배로 힘들어질까 걱정된다.

아프지만 참고 견디고 그렇게 무사히 수업을 마치고 나면 쉬어야지 생각한다. 하지만 처리할 업무가 눈에 보인다. 관사에 와서 녹초가 된 몸으로 저녁을 챙겨 먹는다. 먹어야 한다. 수업을 위해서, 우리 가족을 위해서, 나를 위해서.

불빛 한 점 없는, 칠흑 같은 어둠에 잠긴 관사 그리고 자연이 전부인 이곳에서 갑자기 아프기라도 하면 약도 구할 수 없다. 일단 주말까지 버티자. 주말에 집에 가면 병원에 가서 진료를 받으리라 다짐한다. 그렇게 매일 강행군의 수업과 끊임없이 밀려드는 업무를 매일 처리하다 보면 비로소 집에 갈 수 있는 금요일이 온다. 보통은 퇴근 시간이 넘어서도 일을 처리하지만 금요일은 만사를 제쳐두고 집으로 간다. 가족이 있는 곳으로.

집에 오면 집에서의 일들이 또 나를 기다리고 있다. 이번 주는 유난히 우리 가족 모두가 아팠다. 모두 함께 병원에 간다. 아파도 누구도 우리 가족의 일을 대신 해주지 않는다는 걸 알기에 겁이 난다. 아프면 가족을 위해 아무것도 못할까 봐 두렵다.

하지만 교사는 아프다

또 초등교사 두 분이 목숨을 끊었다. 서이초 교사의 죽음에 이어. 그저 아픈 내 목처럼 마음이 아프다. 이렇게 열심히 살아왔을 그분들. 무엇이 그들을 죽음으로 몰아갔는가! 교사라는 같은 길을 걷는 동료로서, 한없이 마음이 아프다. 누군가의 소중한 딸, 아내, 아들, 가족이었을 텐데. 그 가족의 슬픔이 얼마나 클까! 나 또한 교사의 길을 걸으면서 받았던 상처들이 다시 마음속에 파도처럼 밀려 들어와 그때 그 감정으로 고스란히 나를 데려다 놓는다. 그때 그 생채기가 가슴 깊은 곳에 남아 밤에 전화벨이 울리기라도 하면 소스라치게 놀라곤 한다. 그 흔한 카톡 소리도 어느 순간부터는 마음이 불편해 듣고 있기가 힘들어졌다.

교사는 기계가 아니라 사람이다. 학부모와 학생과 똑같은 감정과 마음을 가졌다. 그런데 어느 순간부터 우리는 그런 감정과 마음을 숨긴 채 이런 말들만 반복해서 말해야 했다.

"죄송합니다."

"미안합니다."

마음속 응어리가 낫기도 전에 또 상처가 난다. 그래도 참고 참아, 그 감정과 상처가 마음에서 곪아간다. 교사는 아프다.

교사는 원하지 않아도 일정 기간마다 근무하는 학교를 옮겨야 하고, 교사의 근무 상황에서 주어진 점수에 따라 발령이 나면 원치 않는 곳이라도 가야 한다. 학교를 옮기고 나면 교사의 상황이 어떠하든 학교의 상황에 맞게 배정받은 업무를 해야 한다. 배운 적도 경험해 본 적도 없는 업무들을 파악하고 아이들을 위한 방향으로 처리하기 위해 아등바등 애쓰는 시간들을 보내야 한다. 교사는 잘 가르치기 위해 노력해야 하는데, 여타의 일들로 정작 가르치는 일을 잘하기 위한 노력이 고갈되어 버리고 만다.

교사가 되기 전에는 교사가 가르치는 일만 하면 되는 줄 알았다. 하지만 학교 현장은 가르치는 일 외에도 처리해야 할 행정적인 업무나 상담 업무가 꽤 많다. 해가 갈수록 그 일은 줄지 않고 더 늘어가기만 한다. 맨땅에 헤딩하는 것처럼 부딪히고 깨지고 하면서 배워 나가야 한다.

그 업무들은 누구를 위한 업무일까.

이 업무들은 꼭 필요할까.

왜 해가 지날수록 그 업무들은 덜어지지 않고 더해지기만 하는 걸까?

학교 현장에 있는 교사들이 이렇게 매일매일을 치열하게 살아가고 있는데 왜 아직도 학교 현장은 예전과 그대로일까. 『나는 기다립니다』 그림책처럼 변화된 학교 현장을 나는 아직도 기다리고 꿈꾸고 있다.

교사가 아프면 마음 편히 치료받을 수 있는 학교, 학교 학급 수에 따라 교사 수가 적으면 업무도 적은 학교, 일방적인 악성 민원에도 교사의 마음을 보듬어 줄 수 있는 학교, 아이들을 가르치는 일만으로도 행복한 학교를 나는 기다린다.

수많은 생각들이 나지만 주말이 지나기도 전에 나는 서둘러 다시 학교로 돌아간다.

일요일에 관사에 가면 월요일 수업 준비부터 한다. 아파도, 목소리가 나오지 않아도 교실을 지키며 아이들을 위해 최선을 다해서 가르쳐야 한다. 나는 교사이기 때문이다.

하지만 교사이기 이전에 나도 사람이다. 힘들고 지치고 아프기도 하는 사람. 의사가 환자의 이야기를 듣고 약을 처방하듯, 지금 우리 사회에게 교사의 이야기를 듣고 그에 맞는 정책과 법을 만들어 달라고 외치고 싶다. ♥김홍호

『나는 기다립니다』(다비드 칼리 글 | 세르주 블로크 그림 | 문학동네 | 2007)

제목 그대로 기다림의 내용이다. '나는 기다립니다'로 시작되는 말과 그 기다림에 대한 답변들. 다비드 칼리가 만들어 낸 빨간 털실들을 따라가다 보면 희망이 보인다. 교사도, 학부모도, 아이들도 행복하게 변화된 학교 현장을 기다려 본다.

2-6. 교사의 내적 감정에 대하여

[교사들의 사전]

교사로 살아가면서 자신도 모르게 갖게 된 교사만의 내적 감정

심리학자 에른스트프리트 하니슈『모기 뒤에 숨은 코끼리』의 이야기를 아는가. 사소한 계기(모기)로 빚어진 분노의 감정과 그 감정의 이면에 숨은 교사 내면의 거대한 감정(코끼리)을 들여다보면 어떨까.

모기 뒤에 숨은 코끼리

심리학자 에른스트프리트 하니슈는『모기 뒤에 숨은 코끼리』에서 우리가 분노에서 벗어나려면 분노 뒤에 숨은 진짜 자신을 만나야 한다고 말한다. 그는 미국의 심리치료사 앨버트 엘리스의 감정을 설명하는 A-B-C 모델에 따라 자신의 이론을 구체화하여 설명한다.

흥분 및 이와 결부되어 자동으로 떠오르는 생각을 A,

A의 사소한 계기를 M(모기),

A의 원인을 E(코끼리)

라고 명명하고 M-A-E 모델을 제시한다.

또한 미국의 심리학자 에이브러햄 매슬로우 욕구위계이론에 가치 평가를 더하여, 삶의 각 단계에 따라 서로 다른 의미를 갖는 가장 중요한 기본욕구를 분류하고 있다.

'모기'는 사소한 일로 빚어진 분노의 감정이고, 우리 내면의 '코끼리'는 지

나온 삶에서 기인하며, 모든 감정이 손상될 때 감지될 수 있다. 이것이 기본 욕구와 관련된 과거의 상처와 두려움, 갈등으로 우리의 평정심을 깨뜨리는 원인이라고 설명한다.

그러나 코끼리를 구성하는 몇몇 요인은 긍정적인 변화의 단초가 되기도 하며, 자신의 코끼리를 발견하는 것은 문제 상황에서 자신에게 정말로 무엇이 필요한지 인식하여 내면의 평정을 회복할 수 있도록 한다고 말한다. 다른 사람을 물러나게 하거나 비난하여 마음 상하게 하지 않고 대상을 더 아름답게 바라봄으로써 인지와 사고, 감정, 행동에 긍정적 영향을 미치는 코끼리를 '장밋빛 안경'과 같다고 한다.

장밋빛 안경으로 세상을 보고 고요한 마음의 평정을 유지하며 보낸 여름방학이 끝났다. 돌아온 교실에서 나는 안온한 내면을 파괴하는 '모기'를 하루도 빠짐없이 만나고 있다. '요즘 아이들은…'으로 시작하는 '예의 없음', '때와 장소를 구분할 줄 모름', '이기적임', '배려하지 않음', '주장만 있고 경청은 없음' 등은 누구나 한 번쯤은 경험한 사회적 경향성 내지 일반적인 시각이다.

이러한 일반적인 시각에서 잠시 벗어나 교사라는 직업인으로 섰을 때 내가 직면하는 나의 모기를 돌아보면 어떨까. 이 달갑지 않은 문제 상황에서 벗어나 교실에서 나에게 꼭 맞는 '장밋빛 안경'을 찾길 간절히 바라는 마음으로 하니슈의 'M-A-E 모델(생각-모기-코끼리)'라는 거울에 교사로서의 나를 비춰보고자 한다.

> 교사라 불릴 때 나를 분노하게 하는 사소한 모기들!

(모기1) "나만 그런 거 아니에요."

"선생님, ○○가 별명을 부르면서 놀렸어요."
한 아이가 울면서 말한다.
"김○○, 미안하다고 사과해."
"아, 왜요? 나만 별명 부른 거 아닌데. ★★이랑 △△도 그랬어요."
"어쨌든 네가 별명 불렀던 건 사실이잖아!"
"나만 그런 거 아닌데…"

자기 잘못을 먼저 사과하기보다 함께 행동한 친구가 있으므로 자기 잘못이 정당화된다는 듯이 말하는 아이의 억울함 가득한 항변이 나에게는 '모기'다.

(모기2) "우리 엄마가 ~라고 했어요."

"선생님, 화장실 다녀올게요."
"수업 시작 5분밖에 안 지났어. 안 돼!"
"왜요? 엄마가 선생님한테 공부 시간에도 화장실 보내주라고 전화했다던데."

엄마는 여왕, 선생님은 그냥 우리 엄마보다 낮은 계급이라는 마인드를 장착한 안하무인 태도와 오만함 가득한 목소리가 나에게는 '모기'다.

(모기3) 그 외의 사소한 모기들!

수업에서 핵심적인 절차나 방법을 설명하는 중에 수업 내용과 무관한 질문으로 친구들의 관심과 웃음을 유도하는 행동들, 잘못을 지적하면 보이는 불만 가득한 눈빛과 짝다리 짚은 삐딱한 자세들, 얼른 벗어나고 싶은 마음과 귀찮음과 한숨이 섞인 "네~~~~~~~~."라고 길게 늘어지는 대답들이 나에게 '모기'다.

교사라 불릴 때 내 안에 내재된 코끼리

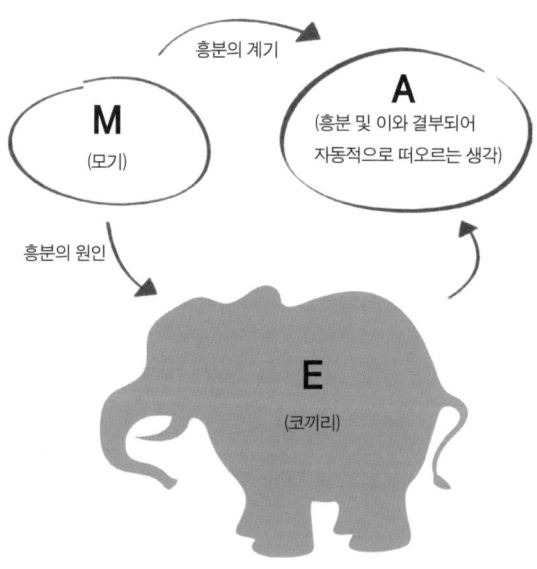

- 에른스트프리트 하니슈의 코끼리 -
(그림 『모기 뒤에 숨은 코끼리』 중에서)

M – 사소한 계기
상황 1,2,3의 모기들!

A – 흥분
- 점점 커지는 목소리
- 반성 없는, 억울함 가득한 눈빛

E – 약점
존중과 인정을 받지 못한다는 느낌
무너진 권위에 대한 좌절을 느낌

E – 자기 이미지
- 교사는 학생의 불손한 말과 잘못된 행동 교정에 책임감을 가져야한다.

E – 타자 이미지
- 학부모는 학생에 대한 교사의 객관적 평가와 견해를 의심하며 지지하지 않는다.

E – 지나온 삶
- 유사한 상황에서 반복되는 학생-교사, 학부모-교사의 갈등으로 인한 누적된 마음의 상처와 인정에 대한 결핍

E – 행동 패턴
- 학생의 잘못된 행동의 이유와 파생될 상황을 나열함.
- 점점 커지는 목소리로 잘못인가 잘못이 아닌가에 대한 일관된 이분법적 흑백논리의 말
- 학생의 잘못된 말과 행동에 대한 인정과 사과의 말 강요

E – 자기보호 프로그램
- 완고한 신념 – 학생의 잘못된 행동은 바람직하고 바른 방향으로 교정되어야 함.

관찰자의 입장에서 한 걸음 물러나 거리를 두고 본 나의 숨겨진 코끼리가 보여주는 것은 내 안에 내재된 편협함과 정체되고 누적된 마음의 상처와 인정에 대한 결핍의 모습을 하고 있었다.

하니슈는 숨겨진 코끼리를 인식하면, 드러난 코끼리는 더 이상 혼란스러운 형상이 아니라 분명한 형체를 가지며, 문제 상황에서 적절하게 자신을 보호할 수 있는 자원이 생겨난다고 했다. 또한 변화의 단계는 반드시 목표 설정에서 시작되고, 뜻깊은 목표 발견의 중요성을 강조하며, 여섯 개의 통로로부터 목표를 설정하는 방식을 다음과 같이 설명한다.

자신의 코끼리로 들어가는 통로 1과 2(모기와 흥분)에서는 '보다 침착하게 모기에 대처하기'를, 통로 3과 4(약점과 자기 보호 프로그램)에서는 '손상된 기본욕구 충족에 기여할 수 있는 생각과 행동'을, 통로 5(자기 이미지와 타자 이미지)는 '긍정적인 자기 이미지와 다른 사람에 대한 현실적인 이미지'를, 통로6(과거의 손상된 기본욕구)에서 '분노하지 않고 호의적인 시선으로 바라보기'를 기준으로 긍정적인 목표 설정을 제시하고 있다.

하니슈가 제시하는 마음의 평안을 주는 방법 중에서 가장 나의 시선을 끄는 충고는 '완고한 신념을 점검하라'는 것이다. '당신은 이 신념이 어떤 상황에서든 정당하고 중요하다고 생각하는가?'라는 물음은 나의 편협함이 어디에서 비롯되었는지를 가늠하게 한다.

이제 나는 내면의 평안에 우선권을 부여하고 '교사로서의 완고한 신념 내려놓기'를 연습하려고 한다. 이 연습을 의무적으로 이행하도록 규정된 교사에 대한 사회적 기대와 교실 속 '완고한 신념을 가진 교사로서의 나'에게 억눌린 내가, 독일 철학자 니체가 말한 '실존적 자아'와 만나 좀 더 유연하고 평안한 내면을 가진 단 하나의 '내'가 되기를. ♥우영숙

『모기 뒤에 숨은 코끼리 - 우리가 사소한 일에 흥분하는 이유』(에른스트 프리트 하니슈 지음/ 김현정 옮김 | 한국경제신문 2021년)

"모든 모기를 코끼리로 만들지 말라!"는 독일 속담이 있다. 이 속담은 어떤 작은 일에 너무 큰 의미를 부여한다는 생각이 들 때 비판의 의미로 사용된다. 이유 없이 일을 지나치게 부풀리거나 너무 예민하게 반응하는 경우에 쓸 수 있겠다.

이 책은 우리가 느끼는 감정 중 흥분(분노)을 통해 내면을 들여다보고 부정적 감정에서 벗어나는 효과적인 법을 얻을 수 있다. 내면의 평안을 원하는 이라면 어서 내 안에 숨은 '모기'의 원인을 찾아 '숨겨진 코끼리'를 발견하기를.

제3장

교사의 편견에 대처하는 자세

돈 없다면서 커피는 꼭 들고 다니듯,

애들 때문에 힘들다면서 잘도 웃어주고 있다.

3-1. 교사 매너리즘

[교사들의 사전]

| 교사 매너리즘 | 바쁘게 움직이는 학교생활 안에서 매일 반복적으로 해야 하는 일들이 많아지면서 기존 방식이 몸에 배어 편하게 느껴지며, 학교 전반에서 일어나는 변화들이 불편하게 느껴지기도 한다. |

내가 매너리즘에 빠진 걸까?

처음 교사가 되어 모든 게 낯설고 어렵고 불편하게만 느껴지던 때도 지나고, 어느덧 17여 년간 교사를 하다 보니 조금씩 기존 방식이 편해진다. 조금만 변화가 생긴다고 하면 겁나기도 하고, 더 불편해지는 건 아닌지, 혹은 변화로 인해 겪게 되는 문제가 생기지는 않을까 하는 걱정이 앞서기 때문이다. 경력이 10년 미만일 때만 해도, 아니 아이를 낳아 키우기 전만 해도 기존 방식을 바꿔 어떻게든 좀 더 나은 방향으로 정하고 싶고, 어떻게든 변화를 꿈꾸었다. 그런 내가 많이 변했다는 생각이 든다. 내가 교사 매너리즘에 빠진 건 아닐까? 고민이 된다.

매너리즘(mannerism)은 사전적 의미로 틀에 박힌 일정한 방식이나 태도를 취함을 말한다. 타성이라는 말과도 비슷한데, 교사가 매너리즘에 빠지고 타성에 젖는다는 건 아마도 학교 전반의 환경이 변하지만 예전 했던 방식을 고수하며 나태해지고 도태되는 교사가 된다는 말로도 볼 수 있을 것이다.

내가 매너리즘에 빠진 건 아닌지 깨달은 건 특히, 16년 차에 접어드는 해였다. 코로나로 인해 늘어가는 출석 관련 서류들을 간편하게 바꾸고자 하는 내용을 부장 회의에서의 결정으로 들었다. 기존 출석 인정 양식에 출석 관련 증명서류를 제출하는 방식이 아닌, 코로나 관련 출석 내용은 따로 표로 만들고, 표에 관련 서류 번호를 매겨 그 표만 제출하는 방식으로 변화되었다.

뭔가 전보다 편해진 것 같은 방식인데도 왜 그런지 자꾸만 머릿속을 맴돌다 다시 떠나는 기분이 들었다. 몇 번을 묻고 또 물어 간신히 서류를 제출하고 나서야 든 생각이 '매너리즘에 빠진 건 아닌가'하는 씁쓸함이었다. 또 기존의 회의 방식이나 성적 입력 및 제출하는 방식에도 변화를 요구하는 열정적인 동료 교사의 의견에도 조금씩 반감이 들기도 했다.

예전에는 변화하는 제출 방식이나 회의 방식이 편하기도 했고, 먼저 바꾸고 싶어하는 입장이었는데 나이를 먹으며 조금씩 나도 학교 현장에서 도태되는 교사가 되는 것 같았다. 변화를 두려워하고 무능해지고, 아이들도 싫어하는 늙어가는(?) 교사가 되는 건가 하는 생각이 들었다. 그런 두려움에 내가 조금씩 느직하게 잠식되어 갈 즈음, 『다른 사람들』에 나오는 주인공이 꼭 교사 매너리즘에 빠진 나 자신처럼 느껴졌다.

『다른 사람들』과 달라서 다행이야!

사실 나는 진지한 면도 굉장히 많고, 아이들과 그림책을 읽고 함께 이야기 나누는 수업 시간이 지금도 무척 행복하다. 하지만 틀에 박힌 업무를 반복적으로 해야 하는 부분에서는 많이 부족하다. 특히, 업무 폭탄에는 아주 많이 약한 인간이다. 또 학교에 매사 부정적인 입장의 학부모를 투철한 서비스 정신으로 무장하고 대하는 일도 나에게는 아직 갈 길이 멀다.

하지만 사실 교사라면 누구나 생각하는 이상적인 교사의 이미지로 있어야 한다는 부담이 있다. 교사로서 사람들 눈을 의식할 수밖에 없고, 도덕적 잣대도 타 직업보다 엄격하다. 또 학교에서는 특히 무엇이든 맡은 업무는 기한 내에 마무리 지어야 한다. 수많은 업무도 착착 기한 내에 진행해야 한다. 동시에 수업에 최선을 다해야 하고, 학급 아이들은 어떤 일이 있어도 문제없이 잘 이끌어야 하며, 학부모 상담도 각 부모가 원하는 입맛에 맞게 해내야 한다. 또 초등교사의 경우에는 담임 한 사람이 국어, 수학, 과학, 사회, 체육, 미술, 음악 등 주지 교과와 예체능을 모두 잘 가르쳐야 하는 만능이 되어야 한다. 교사라면 무엇이든 잘해야 하며, 타인의 평가적 시선의 틀에 갇혀 사는 내 모습은 『다른 사람들』 속 '치유의 섬'에 보내져 창살에 갇혀 사는 큰아이의 모습과 중첩된다.

그림책 『다른 사람들』은 너무 큰 아이에게 두려움을 느낀 일반적인 사람들이 그 아이를 자신들의 모습과 같게 작게 만들려고 '치유의 섬'이라는 곳으로 아이를 보내버린다. 그곳에서 아이는 몸의 크기가 다른 사람들처럼 작게 될 때까지 점점 작은 틀로 옮겨가며 억지로 몸을 작게 만드는 과정을 견디어 낸다. 마침내 크기가 작아져 자신을 섬으로 보내버린 사람들과 같은 사람이 되자 사회로 돌아올 수 있었다. 보수적인 학교와 사회가 원하는 교사의 모습에 '나'라는 사람을 딱 맞게 만들어야 하는 『다른 사람들』 속 주인공의 모습과 빗대어져 마음속에 오래도록 여운을 남겼다.

'교사라면 이러해야지!'라고 생각되는 이미지에 나를 채워가려고 열심히 노력했던 시간이 도리어 나를 소진하는 시간이었다고 여겨진다. 어쩌면 내 모습을 있는 그대로 통합적으로 바라보고 나의 진짜 모습을 찾아가는 시간을 보냈어야 하는데 말이다.

교사가 되기 전부터 인정받는 교사가 되는 것보다는 거짓 없이 최선을 다해 아이들과 만나고, 아이들이 스스로 행복해지는 방법을 찾는 과정을 한결같이 응원해 주며, 아이들과 함께 살아가는 교사가 되고 싶었다. 아이들과 같은 크기로 아이들과 함께해야 하는 것이 내가 원하던 교사다. 그런데 17년여 시간이 흐르며 내가 원하는 교사의 모습보다 어쩌면 곁가지에 더 신경을 쓰며 아주 중요한 것을 잊고 살아가고 있었다. 내가 매너리즘에 빠지고 나서야, 내 진짜 모습을 찾아가야 한다는 것을 깨닫게 된 것이다.

나 같은 교사라서, 미안하지 않아!

『다른 사람들』속 마지막 장면을 보면 누구보다 '다른 사람들'의 마음을 주인공은 알 텐데 주인공은 큰 사람을 누구보다 더욱 세게 밀어내고 공격한다. 힘들게 사회화되어 그 틀에 맞게 만들어졌기에 그 과정이 얼마나 힘든지 알고 있지만, 주인공은 매너리즘에 빠져 잊은 건 아닐까? 무엇보다 작은 사람들처럼 사는 것에 만족했으니까 말이다. 그러나 그림책 너머 시간이 흐른 후 그 컸던 아이는 계속 다른 사람들 속에서 행복했을까?

틀에 갇힌 이상적인 이미지에 맞추려고 나를 이리저리 누르고 짓이기는 과정은 진짜 나를 마주하지 못하게 한다. 틀에 딱 들어맞지 않는다고 스스로에게 실망하는 과정을 반복하는 삶을 살게 될지 모른다. 작가는 마지막 장면 속 주인공의 모습을 통해 그것을 잊지 말라고 우리에게 말해주는 것 같다.

'이런 교사가 되어야 한다.'라는 학교나 사회에서 요구하는 이상적인 이미지에 갇혀 살기보다는 내가 먼저 나의 진짜 모습을 인정하면 어떨까. 그 모습이 불편하고 부족한 모습일지라도 이제라도 수용하고 인정하는 진솔한 삶을 만드는 걸 두려워하지 말자.

그러한 진솔한 삶을 살아내려고 교사가 용기를 낼 때, 아이들도 그런 교사를 믿고 아이들 역시 자신의 어떠함이라도 받아들일 수 있는 용기를 내보지 않을까. ♥이다감

나 같은 교사라서 미안하지 않아!
교사가 진짜 나의 모습을 인정할 때
아이들 역시 자신의 어떠함이라도
받아들일 수 있는 용기를 낼 거예요!

『다른 사람들』(미안 글그림 | 고래뱃속 | 2019년)

사람들과 다르게 너무나 큰 아이에게서 두려움을 느낀 사람들은 아이를 자신들의 모습과 같게 만들려고 '치유의 섬'으로 보낸다. 아이에 몸의 크기가 다른 사람들과 같게 될 때까지 아이는 점점 작은 틀로 옮겨가는 힘든 과정을 견디어 내고, 마침내 다른 사람들과 똑같은 크기가 되자 집으로 돌아올 수 있게 된다. 사회 안에서 우리와 다른 사람들을 우리의 모습을 들여다보는 계기를 마련해준다. 내가 원하거나 나의 진짜 모습이 아닌 다른 사람들에 의해 강요되는 삶을 살아가고 있는지 되돌아보게 하는 그림책으로 결국 다른 사람들처럼 바뀐 큰 아이가 누구보다 더 큰 사람들을 핍박하는 장면에서 보는 이들로 하여금 많은 생각을 하게 해준다. 스스로 수많은 질문들을 던지게 하는 그림책.

3-2. 내가 꿈꾸는 교사

[교사들의 사전]

좋은 교사	교사라면 누구나 좋은 교사가 되기 위해 매일 꿈꾼다. 더 재미있고 즐거운 수업을 만들기 위해 수업 준비를 하고, 교사와 아이들, 아이들 간의 관계를 잘 만들기 위해 다양한 연수를 들으며 다양한 교육 방법 등에 대해 지속적으로 배운다.

청운의 꿈!

나에게 교사가 되는 것은 내 인생 젊은 날의 방황과 좌절, 갈등과 선택, 인생을 건 결단의 집합물이었다. 교사가 되는 과정은 쉽지 않았다. 그래서 교사라는 길이 얼마나 소중한지를 잘 안다.

사실 지금까지 걸어온 인생길도 쉽지 않았다. 교사가 되기 위해 결단을 내릴 때도 난 내 인생 모든 걸 걸고 고민하지 않을 수 없었다. 이르지 않은 나이, 20대 중반을 넘어선 나이에 난 내 인생 모든 걸 걸고 결단을 내렸고 그 결단 덕분에 지금 교사의 길을 가고 있다. 사실 교수가 되기 위해 미국 유학을 준비 중이었다. 하지만 삶은 그렇게 호락호락하지 않았다. 내가 계획했던 인생 계획은 급격하게 삶의 소용돌이 속에서 뒤틀어졌고 나는 방황할 수밖에 없었다. 그런데 지금은 그 뒤틀어진 삶의 굴곡에 감사한다. 덕분에 나는 초등교사가 되었고, 지금도 좋은 교사를 꿈꾸고 있지 않은가!

다양한 조 모임과 과제. 교대 시절을 되돌려 보면 수많은 과제 속에서 허덕이던 기억이 난다. 그래서 교사가 되면 되도록 숙제를 내 주지 않겠노라고 다짐했다. 과연 교육 현장은 그러한가! 학교 현장에서 숙제를 내주지 않기란 어마어마한 노력과 정성이 필요하다. 그리고 과연 숙제가 꼭 필요한가에 대한 질문과 답을 교사 스스로 묻고 답해야 한다. 그렇게 좌충우돌 과정을 거치면서 신규 교사를 지나 이제는 경력 교사가 되었다. 나는 지금 어떤 교사를 꿈꾸는가! 이 질문에 답하기 위해 나의 신념과 삶의 철학, 교육 철학과 조우해야 했고, 그 답은 걷는 과정 속에서 끊임없이 나를 나와의 대화의 장으로 이끌었다.

나는 어떤 교사를 꿈꾸는가! 수많은 나와의 대화 속에서 찾은 대답은 '사랑'과 '참여'다. 교실이라는 환경 속에서 지식은 주어지는 것이 아닌 학생들과 교사의 활발한 상호 작용 속에서 구성되며 그 지식을 구성하도록 돕는 게 교사의 역할이다. 그 철학적 바탕 위에서 학생들에게 줄 수 있는 최고의 선물은 '사랑'이라고 확신한다. 사랑이라는 것은 감정적, 이성적 관계에서만 존재하는 것이 아니다. 부모와 자식 간의 사랑이 그렇듯 교사와 학생 간 사랑 속에서 교사는 그 존재 기반을 확립할 수 있다. 내가 꿈꾸는 교사는 언제나 처음처럼, 한결같이 학생들을 사랑하는 교사다. 그 사랑은 다양한 모습으로 구체화 되고 있다. 눈이 내리면 일찍 출근해서 학생들의 등굣길을 깨끗하게 치우는 삽질로, 돌아가면서 하는 교통 봉사에서 학생들을 웃는 얼굴로 환하게 맞이해 주는 미소로, 수업을 고민하고 구상하면서 어떻게 하면 숙제 부담 없이 수업을 전개하고 학생들의 다양한 상호 작용과 참여로 수업을 즐겁게 이끌까 하는 연구로. 그렇게 나의 사랑은 구체화 되어 교실 현장 속에서 뿌리를 내려 성장해 가고 있다. 나는 꿈꾼다. 지금처럼 처음과 같은 마음으로 학생들을 사랑하면서 지도하기를. 그리고 그들과 함께 운동장에서 야외 놀이를 하고 웃고 이야기 나누면서 성장해 가기를.

참여를 이끄는 교사를 꿈꾼다. 학생이 온 마음으로 실질적인 참여를 하지 않는다면 학교의 존재 의의, 교사의 존재 의의는 무엇이란 말인가! 참여와 활발한 상호 작용이 넘치는 교실을 마련하고자 꿈꾸고 있고 지금도 노력 중이다. 코로나19로 인해 모둠 수업이 주춤할 때 수업 활동에 어려움이 많았다. 하지만 다시 모둠학습이 가능해지고 친구들과 함께 배우는 과정을 통해 참여의 실질적 모습들을 교실에서 그려나가고 있다.

나는 왜 교사가 되었고 지금도 교사를 꿈꾸는가!

내가 왜 교사가 되었는지 묻는다면, 삶에 대한 희망의 증거로서 내 삶을 학생들에게 보여주고 그들이 꿈을 꾸도록 돕고 그 꿈을 이루도록 돕기 위해서라고 답할 것이다.

너무 가난했기에 초등학교 시절 태권도 학원, 피아노 학원을 맴돌던 기억이 있다. 보이스카우트 옷을 보면서 부러워한 시절이 있었다. 가난은 내가 선택하지 않았다. 그러나 지금은 그 가난한 어린 시절의 경험이 지금의 나를 성장하게 만들었다. 어렵게 성장했기에 남의 어려움을 공감하는 능력이 발달하였고, 어려움과 힘듦 속에서 성장해 가는 법도 배웠다. 학생들에게 삶은 호락호락하지 않지만 그렇다고 넘지 못할 산은 아니라는 것을 내 자신의 삶을 통해서 보여주고 싶었다. 그래서 수업 시간에 내 삶의 이야기를 많이 해준다. 이렇게 살아왔노라고. 이렇게 살아갈 거라고. 그런 이야기를 들으면서 혹시 나처럼 가난이나 여러 가지 환경 때문에 꿈을 포기하지 말라고. 너희는 할 수 있다고. 그런 자신감을 주고 희망의 꿈을 꾸게 하는 교사가 되고 싶다.

종이컵을 쓰지 않은지 꽤 되었다. 교실에서 분리수거를 철저하게 한다. 환경을 사랑하고 지구를 사랑하는 모습을 교실이라는 삶의 공간 속에서 가르쳐 주는 교사가 되고 싶다. 그래서 교직에 입문한 후 차량을 타고 거의 출근하지 않았다. 원주에서는 자전거로, 태백에서는 걸어서 또는 버스 등을 이용해 출퇴근을 하고 있다. 내가 조금 불편하더라도 지구를 위해, 환경을 위해 교사가 모범을 보이는 모습을 보여주고 싶었다. 그래서 내 책상 위에는 종이컵 대신 나만의 컵이 항상 있다. 그 컵에 음료나 물을 마시면서 수업도 하고 선생님은 이렇게 환경 사랑을 실천하고 있노라고 아이들에게 삶으로 보여주고 있다. 학생들도 나처럼 일회용품 사용을 되도록 줄이고 지구를 사랑하며 환경을 사랑하는 마음으로 한 가지라도 꾸준히 실천하며 살아가는 삶을 살기를 바란다. 그게 교사의 또 다른 역할이라고 믿는다.

교사로서 동료 교사에게는 베푸는 삶을 살고 싶었다. '베푼다.' 그것은 사랑이다. 연구실에 있는 A4용지가 떨어지면 연구실에 종이를 가져다 놓는 것. 파쇄 종이가 꽉 차면 비우는 것. 아침에 출근하면 커피포트 물을 새 물로 교체하고 다른 분들이 출근할 때 따뜻한 차 한잔 마시도록 하는 것. 연구실 쓰레기봉투가 꽉 차면 비우는 것. 사소한 것들로부터 나의 사랑은 동료 교사에게 확대되었고 그 사랑은 학교로 확산된다. 그렇다. 살기 좋은 사회, 세상을 만들어 가는 것은 나부터 작은 것을 실천해야 가능하다고 생각한다.

내가 옳다고 믿는 신념. 그리고 그 신념 앞에 흔들리지 않는 굳건함으로 살아가는 것. 나와 더불어 우리 가족, 우리 모두가 살아가기 좋은 세상을 만들기 위해 나는 오늘도 사랑과 참여를 가슴에 품고 살아가고 있다. 작은 것부터 실천하는 것, 꾸준히 실천하면서 삶의 모습으로 보여주는 것, 이게 내가 꿈꾸는 교사의 모습이다. ♥김홍호

『틀려도 괜찮아』(미카타 신지 글 | 하세가와 토모코 그림 | 토토북 | 2006년)

누구나 저마다의 꿈을 꾼다. 그 꿈은 정답이 없다. 내 마음이 가는 대로, 내 마음이 말해주는 대로 그 길을 따라가면 된다.

어린 시절, 받아쓰기가 틀려서 손바닥을 맞던 기억이 난다. 받아쓰기 틀려도 꿈을 꿀 수 있고, 틀려도 괜찮다. 왜 그 시절에는 틀려도 괜찮다는 말을 하지 않았을까. 지금 내 앞의 아이들에게 말해주고 싶다.

"시험 문제 틀려도 괜찮아! 다 잘하지 않아도 돼. 꿈도 마찬가지야. 마음껏 꿈을 꾸어도 괜찮아. 마음이 해주는 말을 잘 들어봐!"

3-3. 교사에서 그 무엇으로

[교사들의 사전]

| 전직 또는 그 무엇으로? | 학생을 가르치는 일이 아닌, 교육전문직이나 비교과 교사 (전문 상담, 사서, 영양, 보건) 등 교육공무원의 종류와 자격을 달리하는 것을 일컫는 것으로, 보통 교사에서 전직시험을 통해 장학사나 연구사, 또는 다른 과목의 교사가 되기도 함. 또 교사를 하면서 동시에 겸직을 통해 다양한 활동을 하는 경우도 만날 수 있다. |

선생님 말고 다른 무엇?

교직 생활을 하면서 여러 가지 상황에 놓이게 된다. 무난하게 한 해를 넘기는 때도 있고, 특별한 아이와 학부모를 만나서 자괴감에 빠질 때도 있고, 뿌듯하고 감사한 마음으로 행복한 한 해를 마무리할 때도 있다. 이는 교직이 갖는 매력이 될 수도 있고, 어려움이라고 말할 수도 있다.

우연한 기회에 미술치료를 배우면서 '상담교사가 될까?' 하는 생각을 했었다. 아이들 내면의 심리를 다양한 미술 활동을 통해 꺼내고 그 속에서 어려운 점을 찾아 도움을 줄 수 있다는 것이 흥미로웠다. 그래서 본격적으로 대학원에서 상담심리를 공부해서 상담교사 자격을 갖췄다. 그러나 공부하면 할수록 나의 무지함이 부끄러웠다. 상담교사는 단순하게 아이들의 고민을 공감하며 들어주는 것이 대부분이라 생각했는데, 상담이론을 배우면 배울수록 궁금한 것도 많아지고 어려운 것도 많았다. 무엇보다 아이들의 어려움과 고민을 공감하고 받아들이면서도 아이 스스로 객관적으로 자신을 바라 보게 해야 하고, 어려움을 겪는 아이들에게 긍정적인 변화를 줄 수 있는 힘을 갖추기엔 나 자신이 너무나 부족했다. '선무당이 사람 잡는다'는 말처럼 단순한 흥미로 시작된 짧은 생각으로 한 아이의 인생을 더욱 힘들게 할 수도 있다는 생각을 했기 때문이다.

전직에 대한 생각

교사라면 누구나 '전직'은 한 번쯤 생각해 볼 것 같다. 호기심이 많고, 새로운 것에 도전을 즐기는 사람은 더욱 그럴 것이다. 교사로서 먼저 삶을 살아내고 아이들에게 삶을 어떻게 살아야 하는지에 대한 방법을 찾는 모습을 보여줘야 한다면 더욱 다양한 삶에 대해 고심할 필요가 있다. 어쩌면 더 많은 것들을 경험하고 다양한 세상에 대해 알고 있는 교사라면 아이들에게 좀 더 많은 이야기를 들려줄 수 있지 않을까.

요즘에는 노래를 하거나 랩을 하는 선생님도 있고, 공부 방법에 대한 고민을 해결해 주며 EBS 강의를 하는 선생님도 있고, 유튜브 콘텐츠로 수많은 노하우를 나누는 선생님들도 어렵지 않게 만날 수 있다. 그림책『너는 어떤 씨앗이니?』처럼 우리 안에도 교사말고 또 다른 씨앗들이 많이 있는데 아직 못 찾거나 인식하지 못한 건 아닐까.

교사에서 교사가 아닌 다른 직업을 갖거나, 교사를 하면서 또 다른 무언가를 함께 경험하면서 스스로 성장해 나가는 모습을 보여주는 것 또한 아이들에게는 그 무엇보다 많은 경험을 만들어 주는 일일 것이다. 결과를 떠나 나는 새로운 시도를 했음에 스스로를 격려한다. 그로 인하여 지금의 자리가 나에게 더 소중하다는 것도 깨닫게 되었고, 아이들을 살피는 다양한 견해도 길러졌기 때문이다.

"선생님이 우리 선생님이라서 너무 좋아요."

라고 말하는 아이들의 말이 힘들 때 위안이 되고, 행복한 미소를 짓게 한다. 오늘도 아이들에게 좋은 씨앗과 특별한 꽃을 피울 수 있도록 도움을 주는 선생님이 되기 위해 한 걸음 앞으로 나아간다. ♥양정희

오늘도 나는 좋은 선생님이 되기 위해 한 걸음을 내딛는다.

『너는 어떤 씨앗이니?』(최숙희 글그림 | 책읽는곰 | 2013년)

씨앗이 바람에 흩날리면서 거친 들에 뿌리를 내려 예쁜 꽃으로 피어난다. 쪼글쪼글 못생긴 씨앗도 향기 가득한 꽃으로 피어나고, 꽁꽁 웅크린 씨앗도 당당한 꽃으로 피어난다. 민들레, 수수꽃다리, 모란 등 꽃을 품은 씨앗들이 저마다의 소명으로 잔잔한 행복을 만들어 준다. 『너는 어떤 씨앗이니?』란 그림책은 추운 겨울이 지나고 따뜻한 봄이 왔을 때, 새 학년을 시작하는 새 학기에, 자신의 꿈을 찾고자 하는 아이들에게 소개하는 그림책이다. 무엇보다도 나를 소중하게 생각하게 하고, 지금은 비록 작고 볼품이 없을지라도 사람들에게 환한 웃음을 선물하는 꽃으로 피어난다는 희망이 가득한 그림책이다. 당신도 마음속에 품고 있는 아직 싹트지 않은 나만의 씨앗이 무엇인지 생각해 보는 시간이 되길 바란다.

3-4. 교사와 학생의 관계

[교사들의 사전]

> 학생과의 관계 맺기로 성장하는 삶
>
> 교사로 사는 삶을 꿈꿨고 그 삶을 살아가며 다양한 학생들과 관계를 맺으며 성장하고 있다. 교사는 욕구가 다양한 학생들을 헤아려 수많은 '핑'을 던져야 한다.

나의 꿈은 좋은 선생님

어릴 적 시골에서 선생님은 나에게 영향을 준 최고의 교과서였다. 지금처럼 학교에 도서관이 있어 읽을 책이 풍부한 것도 아니어서 선생님 말 한마디가 나의 꿈을 만들고 키워주었다.

그리고 내가 살던 마을에서 가장 멋지고 똑똑한 분은 선생님이셨기에 나도 선생님이 되고 싶다는 꿈을 자연스럽게 품었다.

꿈하면 떠오르는 그림책이 있다. 『핑!』이라는 그림책은 삶에서 만나는 다양한 관계에 대해 자유롭고 용감하면서도 현명하게 자신을 표현할 수 있는 방법에 대해 재치 있는 그림과 함께 이야기 해주는 책이다. 『핑!』이라는 그림책처럼 나는 좋은 선생님들에게 많은 '핑!'을 받았고, 그에 대한 대답의 '퐁!'이 바로 내가 교사가 된 것이다.

교사가 되고 나서 나의 꿈은 내가 만난 좋은 선생님들처럼 아이들에게 좋은 선생님이 되는 것이었다. 연구하는 선생님, 따뜻한 말로 힘이 되는 선생님, 글쓰기로 삶을 가꾸는 방법을 보여주는 선생님, 작은 일상을 공유해 주는 선생님이 되고 싶었다.

　내가 만난 연구하는 선생님이 보낸 '핑'은 역사에 대한 사랑이 넘쳐 역사 답사를 하고 이를 담은 이야기와 많은 자료들을 보여주신 것이었다. 또한 역사에 '왜'라는 질문을 던지도록 나의 사고를 자극했다. 단순 암기가 아닌 역사 흐름으로 이해하도록 가르쳤다. 예를 들면 프랑스 혁명에 대해 배우고 나면 선생님 앞에서 프랑스 혁명에 대해 자신이 이해한 대로 다른 사람들에게 설명하는 미션을 주셨다.

　따뜻한 말로 힘이 되는 선생님은 문학의 즐거움을 느낄 수 있도록 다양한 아동문학 작가를 직접 만날 수 있게 해주었다. 서평 쓰기를 통해 문학 작품을 더 깊게 읽을 수 있는 힘을 길러주었다. 부족한 글이지만 결과보다는 과정을 봐주고 앞으로 꾸준히 관심을 갖고 공부하면 더 좋은 글을 쓸 것이라고 늘 응원해 주었다.

　글쓰기로 삶을 가꾸는 방법을 보여주셨던 선생님은 일기라는 형식으로 사소한 일상이지만 하루를 자세하게 돌아보는 방법을 가르쳐주었다. 매일 일기를 쓰며 내가 쓴 일기에 써주시는 선생님의 글이 궁금해서 검사가 끝난 일기를 부리나케 확인하곤 했다. 그때부터 글쓰기를 막연히 좋아하게 되었다. 힘이 들 때면 펜을 들고 이런저런 나의 이야기를 끄적이며 마음속 엉킨 실타래 풀기를 즐기게 됐다.

　작은 일상을 공유하는 선생님은 내가 시골 학교에 다녔기에 가능한 일이었다. 관사에서 생활하는 선생님을 시골 마트에서 만났는데 선생님이 좋아하는 과자를 사 준 기억이 난다. 처음 맛본 그 과자는 '에O스'였다. 양으로 승부하는 새O깡, 감O깡 등 깡류 과자와는 달라 한동안 그 맛을 잊지 못했다. 나중에 알고 보니, 에이스는 우리나라 최초의 크래커 과자로 당시 고급 과자의 콘셉트를 지니고 있었다고 한다.

이렇듯 긍정적인 '핑'을 많이 보내준 선생님들 덕분에 선생님이라는 꿈을 간절하게 소망했고 교육 현장에서 나는 '선생님'이라고 불리며 아이들을 만나게 되었다.

다양한 관계 맺기를 위한 끊임없는 '핑' 보내기

관계 맺기를 하기 위해서는 서로의 관심사를 함께 나눌 수 있어야 한다. 아이들과의 관계도 마찬가지다. 새로 부임한 학교에서 6학년을 맡아 남자 아이들의 마음을 열고 친해지려고 축구를 함께 했다. 여교사이기에 낯선 축구지만, 아이들과 운동장에서 함께 땀 흘리고 뛰며 '핑'을 보내면 어느새 아이들이 조금씩 나에게 '퐁'을 보낸다.

"선생님, 축구 또 언제 해요?"

아이들이 보낸 '퐁'에 또 다른 '핑'을 던지기 위해 아이들을 관찰하는 것이 어느새 나의 일상이 되었다. 물론 많은 아이의 말과 행동에 일일이 관심을 갖고 피드백해 주기란 쉽지 않다.

"선생님! 왜 내 말 무시해요?"

이럴 때는 놓친 말에 대해 솔직하게 아이에게 선생님의 사정을 말해주면 오해가 풀린다. 나의 수많은 따뜻한 '핑'들이 모든 아이들에게 똑같이 따뜻하게 다가가지 않을 때도 있다. 그러나 진심을 담았다면, 그 '핑'은 최소한 상처를 남기지는 않을 것이라고 확신한다.

학교 현장에서 가장 중요한 것은 차별하지 않는 것이다.

아이들은 선생님 말과 행동에 예민하게 반응한다. 가정 형편이 어려운 아이를 더 감싸주고자 하여도 그렇지 않은 아이는 그 또한 차별이라고 느낀다. 오해를 풀려면 나의 말과 행동을 지속적으로 돌아보며 다시 갈고 닦은 '핑'을 보내야 한다. 내가 오늘 반 아이들 모두에게 시간을 똑같이 나눴는지, 말 한마디를 전하더라도 한 친구에게만 너무 다가가지는 않았는지. 최소한 아이들이 '나도 선생님의 관심 안에 있구나!'라고 느끼도록 수많은 '핑'을 던져야 한다. ♥이정미

『핑!(자유롭게! 용감하게! 현명하게!)』(아니 카스티요 글그림 | 박소연 옮김 | 달리 | 2020)

『핑!』은 자신의 마음을 전하는 일, 즉 사랑하는 법과 살아가는 법에 대해 재치 있는 그림과 이야기를 통해 쉽고 명료하게 알려주는 그림책이다. 우리는 살면서 수없이 내 마음을 표현하고 상대의 마음을 받게 된다. 내가 보낸 말과 행동에 상대방이 긍정적인 반응(미소)을 보이면 좋겠지만 그렇지 못할 때(두려움, 언짢음, 무반응)도 있다.

하지만 그렇더라도 포기하지 마라!

'자유롭게, 용감하게, 현명하게' 자기를 표현하라!

상처받을까 두려워하지 말고 사람과 세상과 다양한 관계를 맺으며 살아가는 기쁨을 누리며 살아가면 좋겠다.

3-5. 교사와 학부모의 관계

[교사들의 사전]

| 수시로 진행되는 학부모와의 상담 | 아이의 건강한 성장과 발달을 위해 교사와 학부모가 함께 이야기를 나누고 협력을 약속하는 시간이다. 교육기관의 경우, 대체로 두 번의 공식적인 상담 주간과 전화 등을 통해 수시로 이루어지는 수시 상담이 있다. |

상담의 어려움

교사와 학부모가 아이에 대해 많은 이야기를 나누는 시기는 언제일까? 바로 학부모 상담 주간이다. 유치원의 경우 보통 3월 말에서 4월 초순에 1학기 학부모 상담이 진행된다. 평소에도 수시로 자녀에 대한 상담을 하나 상담 주간에는 더 많은 이야기를 나눈다.

코로나 시기에 유치원 교사로 처음 임용된 나는 난생처음 학부모 상담을 전화상담으로 진행해야 했다. 나는 내심 '대면상담이 아니라 전화상담이라서 참 다행히야.'라고 생각했다. 왜냐하면 학부모님을 직접 뵙고 아이에 대해 이야기를 한다는 것이 너무나 부담스러웠기 때문이다. 그런데 훗날 알게 되었다. 학부모님과 얼굴을 마주하고 함께 이야기를 나누는 대면상담이 오해를 최소화할 수 있다는 것을.

인간은 의사소통할 때 음성언어뿐만 아니라 눈빛, 표정, 말투, 제스처 등 비언어적 요소도 활용하여 생각과 감정을 교류한다. 그런데 전화상담은 비언어적 요소 중 표정, 눈빛 등을 확인할 길이 없어 지금 교사가 한 말이 학부모에게 제대로 전달이 되었는지 정확하게 파악하기 어려울 때가 있다.

[S#1. ○○○ 학부모님과의 전화상담]

"지금 선생님께서 우리 ○○이가 친구들에게 혼자서 이야기하라고 내버려 두신 거예요?"

"아니요. 어머니. 제 말은 ○○이가 스스로 어려운 상황을 극복하는 방법을 배울 수 있도록 지도했다는 이야기에요. ○○이가 친구들에게 자신의 속상한 마음을 표현할 때 제가 옆에 있었어요. 그리고 제가 늘 ○○이의 불편한 마음을 대신 말해줄 수는 없다고 생각해요. 이제 조금 있으면 초등학교에 가야 하는걸요."

그러나 교사와 학부모 사이에 신뢰가 형성되어 있다면 얼굴을 볼 수 없는 전화상담이라 할지라도 진심은 통한다.

[S#2. □□□ 학부모님과의 문자 상담]

(친구들과 함께 책을 보다가 종이에 손가락을 베어 약을 발랐다는 문자를 발송 후 학부모님께 받은 문자의 내용)

"선생님, 괜찮습니다. 단체생활하다 보면 그럴 수도 있죠. 주말 잘 보내세요."

그림책 『옛날 옛날에 산고양이가』에는 주인공 산고양이와 산고양이가 구해준 하얀 아기 고양이가 등장한다. 하얀 아기 고양이는 산고양이의 보살핌

속에서 무럭무럭 자라며 점점 노란 고양이로 성장하게 된다. 어느덧 시간이 흘러 일 년이 되던 날 노란 고양이는 충격적인 고백을 한다. 일 년 전 산고양이는 마을이 궁금해 마을로 내려가던 도중 몸에 민들레 홀씨들이 붙었던 적이 있었다. 그때 산고양이는 민들레 홀씨를 하나하나 떼어내 햇볕이 담뿍 비치는 따뜻한 흙에 놓아주었던 적이 있었는데, 바로 노란 고양이가 그때 산고양이가 몸에서 떼어낸 민들레 홀씨였다는 것이었다. 그리고 일 년 전 산고양이가 민들레 홀씨들을 떼지 않고 그대로 마을로 내려갔다면 마을 사람들이 놓은 덫에 걸렸을 것이라는 이야기도 듣게 된다.

그림책『옛날 옛날에 산고양이가』가 하얀 아기 고양이와 산고양이의 인연에 대해 생각해 보게 하듯 교사와 학부모의 관계에 대해서도 되돌아보게 한다.

교사와 학부모와의 관계도 이런 게 아닐까? 산고양이가 민들레 홀씨를 살리고, 민들레 홀씨가 산고양이를 살리는 것처럼 아이의 행복을 위해 서로가 서로를 위하는 관계. 진심이 오롯이 전해지는, 그래서 오해 없이 서로가 연대할 수 있는 관계가 되었으면 좋겠다. ♥김한나

『옛날 옛날에 산고양이가』(도이 카야 글 | 기쿠치 치키 그림 | 주니어 RHK | 2023년)

서로의 존재가 서로에게 구원이 되는 관계는 어떤 걸까? 이를 경험하고 싶다면 이 그림책을 펼쳐 하얀 아기 고양이와 산고양이의 인연에 대해 생각해 보면 좋겠다. 우리가 만나는 모든 인연들이 상처주고 비난하는 악의적인 관계가 아닌 서로에게 구원이 될 수 있다면 좋겠다. 특히 교사와 학부모의 관계가 말이다.

3-6. 편견 따위는 버려라!

[교사들의 사전]

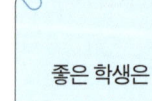
좋은 학생은
좋은 선생님을
만난다.

대부분 교사는 아이를 있는 그대로 보아주고, 그 아이가 가진 재능과 반짝임을 찾아주고 싶어 한다. 똑같은 아이가 없듯, 똑같은 교사도 없다. 편견 없이 서로를 만나는 학교가 되었으면.
좋은 학생과 학부모는 좋은 교사를 만날 준비가 되어 있다.

좋은 교사는 어떤 모습일까?

학년 초가 되면 학부모들은 좋은 선생님을 만나기를 고대한다. 초등학교 5학년, 중학교 2학년 아이가 있는 나 또한 담임 선생님 발표 전까지 아이들이 좋은 선생님과 맞닿길 누구보다 바란다. 아이들이 만나고 싶은 좋은 선생님은 어떤 모습일까. 착한 선생님, 예쁜 선생님, 잘 들어주는 선생님, 숙제를 조금 내주는 선생님 등 좋은 선생님의 기준은 우리 아이가 어떤 성향이냐에 따라 다르겠다.

진로 직업 체험으로 1인 방송 크리에이터 수업이 있었다. 아이들 한 명 한 명 먹방 유튜버 체험을 하였다. 따뜻한 조명 아래서 과자를 먹는 소리를 담는 체험이었다. 어떤 아이들은 실감 나는 과자 소리와 함께 재치 있는 멘트로 실제 유튜버와 같이 재미있게 연출을 하였다. 그런데 한 아이가 강사 선생님이 상자에서 꺼내라고 한, 작은 쌀과자를 꺼내지 않고, 과자 상자 전체를 책상 위에 올려놓더니 거기에서 꼬북칩 한 봉지를 꺼냈다. 분명 선생님이 주신 미션이 아니었다. 미션을 변형하는 모습에 처음 강사 선생님은 다소 당황한 듯하더니 말했다.

"하고 싶은 대로 해봐!"

격려의 말에 아이는 머쓱해하더니, 제대로 된 과자 소리를 만들어냈다. 미션이 완료될 때까지 아이의 무례한 행동 때문에 수업의 흐름이 끊길까 마음을 졸였다. 다행히 함께 지켜보던 아이들도 재미있는 연출에 만족해하고 아이도 자기 연출이 만족스러운 눈치였다.

마음을 졸이며 아이를 본 나는 그림책 『빨간 안경』이 생각났다. 빨간 안경을 쓰고, 『빨간 안경』그림책을 보고 있으면 안경을 쓰기 전과 전혀 다른 책을 만나게 된다. 교사가 빨간 안경을 쓰고 아이들을 만나면, 다양한 아이들의 있는 그대로를 인식하기 어렵다.

문제 상황이 발생했을 때, 아이들이 표현한 말과 행동의 전후 사정을 들어보지 않고 교사의 판단 기준으로 대화를 시도하면 소통은 어려워진다. 아이들은 교사에게 이해받지 못한다고 느끼면 마음속의 생각을 드러내지 않고 굳게 감추기 때문이다. 마음의 빗장을 열기 위해서는 편견을 버리고 진심으로 아이의 이야기를 귀담아들어 주어야 한다. 진심으로 아이의 입장에서 들어준다는 것, 그게 좋은 교사가 가진 모습이 아닐까.

빨간 안경을 벗어던지다

아이마다 똑같은 내용을 똑같은 방법으로 가르쳐도 받아들이는 속도와 깊이가 다르다. 한 가족의 구성원인 형제와 자매도 그러한데, 다양한 가족 구성원인 아이들이 한데 모인 학교 교실 현장은 두말할 나위 없다. 모두가 공부를 좋아하고 잘하면 좋겠지만 아이들마다 공부 머리는 다르다. 유독 수학 공부 머리가 없던 한 아이는 수학 시간에 길이와 넓이 단위 및 환산 문제를 어려워했다. 수업 시간이면 수학 문제를 틀리는 단골 학생으로 이름 불렸다. 어느새 아이는 수학을 못 하는 학생에서 수학을 싫어하는 학생이 되었다. 그러나 학년이 바뀌더니 새로운 변화가 생겼다. 음악 시간에 교가를 잘 부른다고 친구들과 선생님에게 칭찬받고는 가수가 되고 싶다고 한다. 체육 시간에 선생님의 칭찬을 받더니, 운동에 더 관심을 가지게 되었다. 우연찮게 조장이 되더니, '조장씨'란 별명이 붙고 수행평가를 스스로 챙기기 시작한다. 여전히 아이는 수학을 어려워한다. 그러나 학교에 가는 것을 좋아하게 되었다.

모든 아이들이 똑같은 방법으로 성장하는 것은 아니다. 책 읽기를 좋아하는 아이, 만들기를 잘하는 아이, 춤을 잘 추는 아이, 그림을 잘 그리는 아이 등 아이마다 잘하고 있는 일과 노력해야 하는 일은 다르다. 하지만 그림책 『민들레는 민들레』처럼 어디에서 어떻게 무엇을 하든 민들레는 민들레이듯 아이들도 저마다의 모습으로 성장하고 있다.

교사가 가진 빨간 안경을 벗어 던지고, 있는 그대로의 모습을 인정해 주고 미처 발견하지 못한 저마다의 고유한 빛깔을 찾도록 기다리고 응원한다면,

아이들은 스스로 빛나기 시작할 것이다. 좋은 교사가 열심히 있는 그대로 보아주기면 한다면. 그렇게 본다면 학생과 학부모들도 그들만의 안경을 벗고 있는 그대로 지금 눈앞에 있는 좋은 교사를 만날 준비만 하면 되지 않을까.♥이정미

『빨간 안경』(오소리 글그림 | 길벗어린이 | 2019)

빨간 안경을 쓰고 갑자기 보이던 것이 안 보이는 파란 늑대가 있다. 있는 그대로 보는 것은 서로에게 편안함을 준다. 하지만 빨간 안경을 쓰고 보면 있는 그대로 받아들이는 편안함이 아니라 긴장되고 불안한 마음으로 세상과 소통하니 외로울 수밖에 없다. 소중한 존재는 항상 곁에 있고 보이지 않는다고 해서 존재하지 않는 것이 아니다.

빨간 안경을 끼고 파란 늑대가 되어 끝까지 읽어본 후에 안경을 벗고 다시 한 번 읽어보길 권한다. 안경의 존재 전과 후를 맛있게 읽길 바란다.

『민들레는 민들레』(김장성 글 | 오현경 그림 | 이야기꽃 | 2014)

민들레의 한 살이 모습을 담고 있는 그림책이다. 나아가 민들레가 자기다움의 이야기, 자기 존중의 이야기, 그래서 저마다 꿋꿋하자는 소중한 이야기를 전해준다.

김장성 작가는 어디에 있든, 어떻게 있든, 무엇을 하든, 민들레는 민들레인 것처럼, 누구나 참다운 제 모습을 지키고 가꾸며 자기답게 살 수 있는 세상을 바란다고 말한다. 세상의 기준에 맞추느라 자기만의 빛깔을 잃어버리고 사는 것은 아닌지 고민될 때 만나보면 좋겠다.

제4장

그들은 알지 못하는 교사의 세상

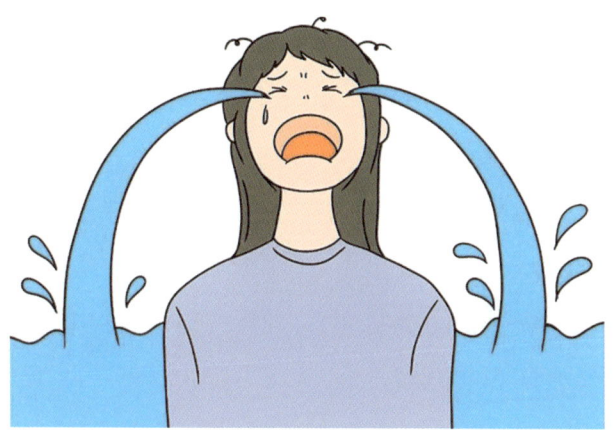

예전에는 이 학교(애들) 없이 못 살겠더니

지금은 이 학교(애들) 때문에 못 살겠다.

4-1. 그것이 무엇이든 업무 먼저

[교사들의 사전]

> **교사지만 업무가 먼저일 때**
>
> 아이들을 만나 가르치는 일을 잘하고자 교사가 되지만, 교사는 수업 준비, 학생 지도, 상담 이외에 다양한 업무들로 그 쓰임이 다양해져 무엇에 더 최선을 다해야 하는지 갈수록 정체성이 흔들리게 된다.

다양한 쓰임에 고군분투하는 교사라는 삶

교사는 가르치는 일을 업으로 삼은 사람이다. 그러나 나의 교직생활을 되돌아보면, 가르치는 일 외에도 학교의 상황에 따라 매년 주어지는 업무를 해내고자 쉴 틈이 없었다.

나는 편집자로서 교직 업무를 시작했다. 학교신문 업무를 맡아 기획부터 편집까지 매달 신문을 작성했다. 시골에 인쇄소도 따로 없어 시내에 있는 인쇄소로 신문을 찾으러 갔다. 다행히 대학 시절에 편집부 일을 하며 신문 편집을 해 본 터라 어렵지 않게 업무를 해 나갔다. 그러나 작은 학교에서 매월 학교신문을 작성하고 편집하는 일은 교사의 시간과 노력이 드는 일이었다. 이외에도 학교 문집과 졸업 앨범 편집을 담당하며 학생을 지도하고 최종 마무리 작업을 해야 했다.

교사로서 가장 힘들었던 일은 마치 인테리어 디자이너처럼 교내 구석구석을 아름답게 꾸미는 일이었다. 미적 감각이 그리 뛰어난 편이 아니라서 게시판의 용도에 따라 어울리는 종이 재질, 색감, 크기 등을 선택하고 아름답게 꾸미는 게 여간 어려운 일이 아니었다. 특히, 6학급 연구학교에 근무할 때는 복도 실내장식까지 맡으며 돌아다녔다. 다행히 미술에 조예가 깊은 분교 선생님의 도움으로 다양한 모양의 한지를 사용하여 그 많은 복도 게시판을 간신히 채울 수 있었다.

그렇게 초임 시절이 지나고 교실 환경에 대한 인식이 아이들 활동 작품 위주로 바뀌고 복도 게시판의 중요한 부분은 외부 업체에 맡겨지며 인테리어 디자이너로서의 교사의 삶이 아니라 아이들을 가르치는 역할에 비로소 집중할 수 있었다.

교사가 아닌 나의 쓰임새는 어디까지?

교사는 업무에 따라 한 해 삶의 모습이 달라진다. 가장 기억에 남는 업무는 방과후학교였다. 방과후학교 업무를 하며 프로그램 강사 관리부터 돌봄교실 관리까지 마치 내가 학원 원장이 된 듯했다. 방과후학교 수업은 담당 교사에겐 수업의 연장선이다. 많은 아이들이 활동에 참여하는 가운데 친구들 사이에 마찰이 생기면 이를 중재해 주어야 한다. 또한 저학년 아이들이 좋아하는 공예수업은 강사 선생님이 안전 지도를 하더라도 손이 베이거나 글루건에 데이는 사고가 예치치 않게 일어난다. 이렇듯 수업 도중 다치는 일이 발생하면 담당 교사가 학교안전공제회 처리 업무까지 해야 한다.

그 외에도 각 부서에서 필요한 교재 및 재료를 구입해 주는 것 또한 교사의 일이다. 어떤 교재가 필요한지 방과후학교 강사에게 물어보고 업무 처리를 도와야 한다. 협의 끝에 모든 물품이 정리되면 품의 문서 기안만 교무행

정사가 대신한다. 당연히 끝이 아니다. 담당 교사가 관련 업무 내용을 파악해서 방과후학교 계획서를 공문으로 작성하고 운영위원회를 거쳐 결정된 방과후학교 강사비 및 교재를 업무 관련자에게 알려야 한다. 다행히 요즘에는 교육지원청에서 방과후학교 강사 채용과 관련한 업무를 해주는 곳도 있다. 하지만 간혹 방과후학교 강사가 개인적인 사유로 학기 중에 그만둘 때, 방과후학교 강사 채용 업무는 고스란히 담당 교사가 맡아 추진해야 한다.

교사가 안전 업무를 맡았을 때는 어떠한가? 행정실 협조로 학교 주변 시설 안전 파악 및 버스 안전 관리 공문까지 처리해야 한다. 교사는 학기 초 새로 주어지는 업무에 따라 관련 법령을 숙지하고 업무와 관련된 매뉴얼을 읽고 또 읽고 읽으며 자신의 업무 파악에 고군분투한다.

학교폭력 업무 관련 매뉴얼은 어떠한가? 학교폭력 사안이 발생하면 사안이 종결될 때까지 담당 교사는 전문 분야가 아니기에 매뉴얼을 보고 또 보며 업무를 처리할 수밖에 없다. 매뉴얼에도 없는 사안이 발생되면 여기저기 발품을 팔며 이리저리 알아보며 대응해야 한다. 이 외에도 과학, 체육, 정보 분야 등 교사가 해마다 처리해야 하는 업무는 줄어들지 않고 있다. 그나마 업무가 연속성이 있으면 다음 해는 파악하는 시간이 줄어 조금 괜찮다. 그러나 학교 상황에 따라 교사는 한 번도 해 보지 않은 업무를 맡을 수밖에 없는 상황에 놓이기도 한다. 다행히 관련 업무를 파악하고 있는 동료 교사가 있다면 어려움이 생겼을 때 함께 이야기하며 문제를 풀어나갈 수 있다. 하지만 그렇지 못한 경우에는 이전에 처리됐던 공문서들을 일일이 살펴보고 교육지원청에 문의하며 각종 공문을 기한 내에 처리하기 위해 많은 시간과 노력을 들여야 한다. 선생님들은 말한다.

"학교마다 똑같은 일을 할 텐데 왜 매년 이렇게 힘들게 하는지 모르겠어."

교육지원청에서 각 업무별 매뉴얼 연수를 실시하여 선생님들이 한 해 동안 처리해야 할 업무를 쉽게 파악하고 해결할 수 있는 실질적인 연수가 있으면 좋겠다고 말이다.

그나마 가르치는 일에 가까운 일이 있다. 바로 교실이라는 공간 속에서 일어나는 다툼의 시시비비를 밝혀 응어리진 아이들의 마음을 달래주는 상담활동이다. 아침 활동 시간에, 수업 중에, 점심시간에, 복도에서, 방과후학교에서. 언제 어떻게 의견 충돌이 일어날지 모르는 상황에서 자칫 교사가 아이들에게 한눈을 팔면 사건 사고가 어김없이 일어나 하루가 사건 사고 해결로 바쁘게 흘러간다. 사건은 늘 피해자와 가해자가 생긴다. 이럴 때, 교사는 현명한 판사가 되어야 한다. 한쪽에 치우치지 않고 어떤 사건인지 사건의 경위를 파악하고 둘 사이의 갈등이 일어난 시점의 감정을 읽고 서로의 감정을 들여다보도록 분위기를 이끌어 주어야 한다. 법적으로 복잡한 절차가 필요하지 않은 사건이라도 아이들의 절제되지 않은 이야기를 집중해서 들어주고 공감해 주며 다툰 친구와의 감정을 풀어주고 시간 내에 아이들을 집으로 보내야만 한다.

만약 감정의 골이 큰 학교폭력 사안이 발생하기라도 한다면 교사는 담당 업무인 수업, 생활지도, 상담이 아니라 학교폭력 사안과 관련된 업무들로 해야 할 일에 집중하지 못하는 상황이 발생하기도 한다.

교사의 본질을 찾으려면

전문가는 한 가지 일을 오래 했을 때, 가능하다. 학교 현장에서 학교 상황에 따라 달라지는 담당 업무들이 아이들을 가르치는 본질과 얼마나 가까운지 그 쓰임새를 바로 잡는 지혜가 교사에게 필요하다. 그러나 지금 학교 현장은 교사가 가르치는 일을 오래 잘할 수 있는지 의문이 남는다.

교사는 아이들을 가르치고
아이들은 교사에게 배우며
서로 성장하는 교실을 우리는 꿈꾼다.

매년 가르치는 교과이지만, 아이들의 성향, 수준, 흥미에 따라 가르치는 내용은 같더라도 방법을 달리해야 한다. 그러기에 교사는 끊임없이 아이들을 관찰하고 우리 반 아이들에게 맞는 교육 방법을 고민하고 실천해야 한다. 이를 위해 많은 시간과 노력이 필요하다. 해마다 달라지는 업무를 파악하고 공문을 해결하는 시간으로 인해 아이들과 함께 성장하는 시간이 줄어들지 않길 바란다. ♥이정미

『줄의 멋진 오리』(안느미 베르부룩스 글그림 | 변은숙 옮김 | 여원미디어 | 2002)

제목처럼 줄이 오리를 찾아 헤매는 이야기다. 줄은 엄마에게 오리가 그려진 스웨터를 선물 받지만, 스웨터에 그려진 오리가 사라지고 만다. 줄은 오리를 찾아다니지만 어디에도 오리는 보이지 않는다. 계속 읽어가다보면 놀라운 반전으로 오리의 출처를 알려준다. 나는 가르치는 일로 빛이 나야 할 교사인데, 원하지도 않는 오리를 찾아 여기저기 찾아 헤매지는 않는지 생각하게 하는 그림책이다.

4-2. 민원으로 힘겨운 삶

[교사들의 사전]

> 어느 교사는 '죽겠다'라는 말을 달고 살지도 모른다.

교사로 살아가면서 맞닥뜨리는 학부모 민원은 정말 교사의 삶을 송두리째 흔든다. 죽음에 대해 생각할 만큼 힘겨울 때도 있다.

매일매일 힘겨운 교사라는 삶

얼마 전 23살 앳된 서이초 선생님의 죽음을 만났다. 계속해서 생산 되는 수많은 기사를 찾아보며 선생님 혼자 얼마나 힘들었을까 하는 생각에 가슴이 답답했다. 학부모의 악성 민원을 견디지 못해 그 선생님이 안타까운 선택을 했다는 사실에, 수업을 하면서도 혼자 있을 때도 문득문득 눈물이 나기도 했다. 자꾸만 지난 일들이 떠올라서 그 선생님의 모습이 어쩌면 나의 모습일지 모른다는 생각에 자꾸 눈물이 났다.

방과후 보충 지도를 하다가 술에 만취해 자녀를 만나러 온 학부모에게 아이를 왜 안 보내냐고 다짜고짜 멱살을 잡히고 얼굴에 뱉는 침을 모두 참아내야 했던 순간이 떠오르기도 했고, 초등학생이 무슨 그림책을 창작하냐며 교사 본인이 대신 써주고 대신 아이들 이름을 쓰는 거 아니냐고 따지던 학부모의 모습이 떠오르기도 했다. 심지어 동료 교사이자 학부모였던 이가 했던 욕설과 막말들이 아직도 내 마음속에서 메아리쳐 울린다. 10년도 더 지난 일이지만 지금도 생생히 그 상황과 괴로운 감정이 불현듯 재생되어 마음이 갑갑하다.

　얼마 전에는 작가와의 만남 활동으로 오신 작가님께서 시간보다 더 오래 강연해 주시고, 아이들 한 명 한 명과 직접 아이들과 대화하며 사인을 해주셨다. 진행 상황 상 하교 시간이 예정보다 1~20분 늦어질 것 같아 하교 전 미리 학급 홈페이지에 안내했었다. 그러나 아이들을 하교 지도하고 받은 황당한 전화에 놀랄 수 밖에 없었다. 하교 시간을 제대로 지키지 않았으니, 교육청에 직접 민원을 넣어 교사를 따끔하게 정신 차리게 하겠다는 전화였다. 차분히 있었던 일을 설명하자 그 어머니는 학급 홈페이지를 확인하지 않아 아이의 하교 시간이 바뀐 것을 모르셨다고한다.

　서이초 선생님의 일에 나를 비롯한 수많은 초등교사가 목 놓아 같이 울고 있는 이유는 바로 우리가 직접 겪었던 수많은 일들이 아직도 마음속에서 교사들을 아프게 하고 있기 때문은 아닐까. 교사를 하면 사소한 것에서 심각한 민원까지 민원은 매년 겪게 되는 것이 현실이다.

　그러나 막상 민원을 맞닥뜨리고 나면 아무도 교사를 보호하고 교사의 입장을 대변하지 않는다는 사실을 알고 모든 것을 혼자 감당해야 한다. 교사 스스로 항변하고 대응하고 해결하려고 노력하지만 대부분의 민원은 쉽게 교사의 마음을 편히 놓아주지 않는다. 경기도로 발령받은 지 얼마 되지 않은 남자 선생님도 군대에 가서까지 아이의 치료비 등을 명목으로 지속적인 민원전화를 받았다는 사실이 사후에 늦게 밝혀지기도 했다.

　아무리 교사로서 능력 있고, 아이들을 사랑하는 마음으로 지도한다 해도 교사도 사람이기에 학부모 모두를 만족시키기는 어렵다. 하물며 그 만족하지 못하는 사람이 교사에게 안 좋은 감정으로 지속적인 연락을 하거나 교장이나 교육청을 찾아가 직접 민원을 넣겠다고 한다면 교사가 자신의 교육관과 철학을 믿고 아이들을 만나고 학급을 이끌기는 불가능하다. 그러나 그런 상황에서도 계속 아이들과 함께하고, 끊임없이 가르쳐야 하는 직업이 교사라는 걸 얼마나 많은 사람들이 알고 있을지 궁금하다. 그러나 지난 몇십 년간 학생들과 학부모가 선호하는 직업군에서 교사가 거의 벗어나는 일이 없던 것만 봐도 세상에 보여지는 교사의 삶과 실제는 결이 많이 다르다고 생각한다.

어찌 보면 가까운 '죽음', 그리고 위로

십여 년 전 겪은 끔찍한 학부모 민원으로 나도 사실 죽음을 생각했었다. 교대를 나와 교사 말고는 다른 진로나 직업을 생각조차 해 보지 않고 살았다. 그런데 민원을 겪으면서 학교라는 곳에 가면 너무 힘들고, 자꾸 눈물이 나고, 숨이 막히는데 어느 누가 '죽고 싶다'라는 생각을 안 할 수 있을까. 그 당시는 교실에 학부모 민원이 생기면 모두 교사 본인의 부족함으로 인해 생긴 것으로 보았다. 그것이 밖으로 알려지면 무능력하고 부족한 교사라는 동료 교사와 관리자의 낙인으로 아픈 마음에 멍울이 섰다.

아이들에게 배움으로 꿈을 꾸게 해주고, 희망을 노래하길 바랐던 교사라는 직업은 사실 어찌 보면 죽음과 아주 가까운 직업일지도 모른다.『여름의 잠수』그림책에 등장하는 주인공 아빠처럼 지금도 바로 옆 교실의 어떤 선생님은 오늘도 죽음을 생각하며 더 살고 싶은 마음이 안들만큼 몹시 슬픈 상태로 하루를 보내고 있을지도 모른다. 주인공이 아빠의 모습을 보며 힘들어하고 있을 때 '사비나'라는 여자가 등장한다. 우리가 살면서 예상하지 못한 상황에서 누군가를 만나 위로받고 힘든 상황을 이겨낼 힘을 얻듯 주인공도 사비나를 통해 위로받게 된다. 사비나와 주인공이 푸르디푸른 잔디밭에 뒹굴며 놀고, 하늘을 보며 즐거운 시간을 보내는 것을 보며 나도 마음속 무거웠던 멍울이 스르르 햇빛에 휘발되며 가벼워진 느낌을 받았다. 교사라는 일을 하면서 만난 그림책은 나에게 이런 깊은 위로와 마음속 응어리를 풀어주는 경험을 선물해 주었다.

  이 글을 읽는 당신이 어떤 교사의 학부모라면 우리 아이를 맡은 선생님이 마음속에 가진 꿈과 희망과 열정을 마음껏 아이들과 노래할 수 있도록 믿고 따뜻한 응원을 아낌없이 보내주면 좋겠다. 아이들과 교사가 교육환경에서 주인공과 사비나처럼 마음껏 뛰어놀고 즐거운 시간을 보낼 수 있도록 학교와 교사를 따뜻한 햇빛과 같은 시선으로 바라봐 주면 좋겠다. ♥이다감

아이들에게 배움으로 꿈을 꾸게 해주고, 희망을 노래하길 바랐던
교사라는 직업은 사실 어찌 보면 죽음과 아주 가까운 직업일지도 모르겠다.

『여름의 잠수』(사라 스트리스베리 글 | 사라 룬드베리 그림 | 위고 | 2020)

주인공인 딸이 기다리고 있는데도, 더 살고 싶은 마음도 텅 비어버린 슬픈 아빠 대신 만난 '사비나'를 통해 주인공은 마음껏 즐거운 시간을 보내며 슬픔을 맑은 하늘에 날려 보낸다. 주인공처럼 당신도 잔디밭에서 맘껏 뒹굴고 뛰며 희망을 꿈꿀 수 있었으면 좋겠다.

사비나를 통해 위로받게 된다. 사비나와 주인공이 푸르디푸른 잔디밭에 뒹굴며 놀고, 하늘을 보며 즐거운 시간을 보내는 것을 보며 나도 마음속 무거웠던 멍울이 스르르 햇빛에 휘발되며 가벼워진 느낌을 받았다. 교사라는 일을 하면서 만난 그림책은 나에게 이런 깊은 위로와 마음속 응어리를 풀어주는 경험을 선물해 주었다.

이 글을 읽는 당신이 어떤 교사의 학부모라면 우리 아이를 맡은 선생님이 마음속에 가진 꿈과 희망과 열정을 마음껏 아이들과 노래할 수 있도록 믿고 따뜻한 응원을 아낌없이 보내주면 좋겠다. 아이들과 교사가 교육환경에서 주인공과 사비나처럼 마음껏 뛰어놀고 즐거운 시간을 보낼 수 있도록 학교와 교사를 따뜻한 햇빛과 같은 시선으로 바라봐 주면 좋겠다. ♥이다감

아이들에게 배움으로 꿈을 꾸게 해주고, 희망을 노래하길 바랐던
교사라는 직업은 사실 어찌 보면 죽음과 아주 가까운 직업일지도 모르겠다.

『여름의 잠수』(사라 스트리스베리 글 | 사라 룬드베리 그림 | 위고 | 2020)

주인공인 딸이 기다리고 있는데도, 더 살고 싶은 마음도 텅 비어버린 슬픈 아빠 대신 만난 '사비나'를 통해 주인공은 마음껏 즐거운 시간을 보내며 슬픔을 맑은 하늘에 날려 보낸다. 주인공처럼 당신도 잔디밭에서 맘껏 뒹굴고 뛰며 희망을 꿈꿀 수 있었으면 좋겠다.

4-3. 다른 사람들이 부러워하는 방학이란?

[교사들의 사전]

| 방학 | 학교에서 학기나 학년이 끝난 뒤 또는 더위나 추위를 피하기 위하여 여름이나 겨울에 수업을 일정 기간 동안 쉬는 기간이다. 이 시기에 교사는 학기보다 훨씬 더 바쁘고 중요한 시간을 보낸다. |

방학 때 더 바쁜 교사

1학기가 끝나고 여름방학이 시작되었다. '방학'은 아이들이 기다리는 날이기도 하지만 우리 교사들도 기다린다. 아이들은 가정에서 학기 동안 지친 몸과 마음을 다양한 활동을 통해서 충전하고, 교사들은 연수를 통해 관심 있는 분야를 공부하며 다음 학기를 준비하거나 휴식과 여행을 하며 학기 중에 쌓였던 피로를 풀고 고단했던 마음에 여유를 갖는다. 일반 직장인이라면 교사들의 방학을 무척 부러워할 것이다. 일반 직장에서의 휴가는 일주일 정도지만 교사의 방학은 여름에는 3주, 겨울에는 두 달 가까이 긴 기간이기 때문이다. 그래서 교사를 직업으로 선호하는 사람은 교사의 좋은 점 중 방학을 빼놓지 않을 것이다.

하지만 일반인의 휴가와 방학은 동일하지 않다. 방학엔 출근도 안 하고 집에서 쉬는 것으로 알고 있지만 방학 중 학교에서 아이들을 안 만날 뿐 계속 근무를 한다. 학교에 출근하는 교사도 있고, 각종 연수에 참가하거나 대학원에서 공부하는 등 학교에 출근만 하지 않을 뿐 다른 장소에서 근무를 한다.

이번 방학은 해금!

나는 이번 방학에 음악 수업 전문성 개발 연수를 했다. 다양한 연수가 있지만 음악에 관심이 많고 또 국악기에 흥미가 있어서 음악 분야 연수 신청을 했다. 성악, 피아노, 해금이 있었는데, 난 해금을 선택했다. 학교 다닐 때 가야금, 거문고, 대금, 단소, 장구 등을 배우긴 했지만 해금은 배울 기회가 없었다. 두 줄로 코믹한 소리와 구슬픈 소리 등을 낼 있고, 여러 악기와 협연이 가능한 해금이 신기해서 관심이 갔다.

역시 해금을 신청한 선생님들이 가장 많았다. 기존에 악기를 배워보신 분도 계셨고 나처럼 처음 접하는 분들도 있었다. 하루에 오전 3시간, 오후 3시간 총 6시간을 실기로만 짜인 연수는 연수원에서도 처음 시도하는 방식이었다. 하루 종일 앉아서 연습하려니 허리도 아프고, 손가락도 아프고, 생각대로 소리가 안 나니 머리도 아팠다. 대학 때 비올라를 부전공으로 했었는데 활 잡는 방법도 달라서 더 헷갈렸다. 그래도 선생님들의 격려와 응원으로 마지막 날에는 협연도 했다. 합주형식으로 피아노와 장구의 신나는 반주에 '섬집아기, 에델바이스, 찔레꽃'과 '아리랑, 도라지 타령'을 연주했다. 지도하신 강사님은 단기간에 이렇게 연주하는 것은 기적에 가깝다며 역시 선생님들이라 배우는 속도가 빠르다고 칭찬도 해주셨다. 지금도 가끔 생각나면 뿌듯한 마음으로 연주 동영상을 보며 그 뜨거웠던 여름을 다시 생각한다.

그리고 올해 독서교육 업무를 맡은 나는 개인적인 시간으로 도서관 탐방을 했다. 전라북도 전주에는 특별한 도서관이 많다. '전주도서관 여행'이라는 프로그램이 있을 정도로 전주에는 다양하고 전문적인 도서관이 있었다. 그중 역 앞에서 여행객들을 맞이하는 '다가 여행자 도서관'은 다양한 책은 없지만 이색적인 분위기와 함께 여행객의 여유 시간을 채우기 충분했다. 연꽃으로 가득한 덕진공원 연못 가운데 있는 한옥 도서관인 '연화정 도서관'은 책을 읽는 도서관이라기보다는 한옥과 어우러진 카페 같은 분위기였다. 그리고 '서학예술마을 도서관'은 이름답게 전시 공간도 있고, 예술 서적이 주로 많았는데 음악을 들을 수 있는 공간이 있어서 더 인상적이었다.

여러 도서관 중 가장 좋았던 곳은 '학산 숲속 시도서관'으로 시집만으로 꾸며진, 이름 그대로 숲속에 다락방도 있는 작은 도서관이었다. 창밖의 풍경은 초록과 어우러진 나무들로 둘러싸여 있었고, 입구에 핀 수국은 도서관을 찾아온 이들에게 환영의 꽃다발을 주는 듯했다. 도서관 탐방 때 적어 놓았던 생각들을 정리해서 우리 학교 도서관에 적용하면 아이들과 교직원들이 즐겨 찾는 사랑방이 될 것 같았다.

이렇듯 교사들의 방학은 집에서 마냥 쉬는 것이 아니고, 학교 밖 다양한 곳에서 교육에 도움이 될 만한 연수와 경험을 통해 다음 학기를 준비하는 바쁜 시간들로 채워진다. 교사는 방학 때 논다고 오해 마시길!♥양정희

『수박 수영장』(안녕달 글그림 | 창비 | 2016)

이 책은 햇볕이 쨍쨍한 여름에 방학을 맞은 아이들이 읽으면 좋은 그림책이다.

여름 햇볕이 한창 뜨거울 때 수박이 익어서 갈라지면 수박 수영장이 개장한다. 수박씨를 파서 생긴 웅덩이 속으로 몸을 담그기도 하고, 눈싸움하듯 수박을 던지고 노는 아이들의 얼굴에는 웃음꽃이 활짝 피어난다. 햇볕이 뜨거워질 때는 구름 양산과 먹구름 샤워를 하는 등 아이들이 수박 속에 들어가서 신나게 물놀이를 하는 그림책이다. 정말 수박 수영장이 있다면 어떨까? 상상만 해도 읽는 이들을 즐겁게 해줄 것이다.

4-4. 다시 태어나도 교사?

[교사들의 사전]

교사가 되려는 누군가에게	교사라면 누구나 교사로서의 삶에 대한 자부심과 최선을 다해 잘 해내고 싶은 열정이 있다. 하지만 이 교사라는 길을 다시 태어나도 할지, 또 만약 자녀가 교사가 되려고 한다면 교사가 될 수 있도록 응원할 수 있을까? 이 물음에 대한 답은 쉽지 않다.

만만치 않은 교사의 삶

부부 교사인 나는 으레 내 아이가 교대를 나와 초등교사가 되는 모습을 꿈꾸었다. 아들이 태어나던 날, 그리고 그 이후에도 이 마음은 변치 않는 꿈이었다.

하지만 지금처럼 교권이 흔들리고 있는 이 상황에서 과연 누가 나에게 자녀가 교사가 되는 것에 대해 묻는다면, 나는 과거처럼 자신 있게 대답할 수 없게 되었다. 지금은 그 답을 하는 게 쉽지 않다.

교육은 백년지대계라고 배웠고 교육만큼 중요한 것은 없다고 믿었다. 그래서 초등교사가 되었고 지금 그 길을 걷고 있다. 벽지 중에서도 학급 수가 3학급뿐인 복식학급에서 학생들을 가르치다 보니 교육이 가지는 중요성은 더욱 절실하게 다가온다. 그래서 교사로서의 나의 삶에 감사함을 느끼며 하루하루를 보내고 있다. 하지만 아이들과 보내는 시간 이외의 교사로서의 인간적인 나의 삶은 과연 행복한가?

하루에 처리해야 할 수십 건의 공문과 끝이 없는 업무, 상상 그 이상이다. 작은 학교에 대한 현실과, 복식학급 등 벽지 학교의 어려움에 대해 수없이 들었지만 막상 내 앞에 당면한 현실로 만나 그 현장으로 뛰어들어보니 전혀 다른 것이었다.

내가 경험한 벽지의 복식학급의 어려움은 상상 이상이었다. 경험하지 못한 남의 일들은 쉽게 이야기할 수 있다는 것을 비로소 다시 한번 더 깨닫는다. 그 사람의 신발을 신고 오랫동안 걸어보지 않고는 그 사람을 판단하지 말라는 인디언 속담처럼 그 일을 직접 경험하고 감내하는 삶은 전혀 다르다. 머리로 알고 있는 것과 그것을 실천하는 것이 별개이듯 벽지의 작은 복식학급에서 교사로 산다는 것은 큰 학교에서 교사로 사는 삶과 전혀 다르다.

내 자녀가 태어나자마자 나는 자녀에게 교사라는 길을 권하고 싶었다. 그래서 같은 교사의 길을 걸어가는 자식의 모습을 보는 게 꿈이기도 했다. 자녀가 학교에서 고민할 때 내가 함께 고민해 주고, 응원의 말을 건네는 선배가 되고 싶기도 했다.

하지만 지금은 그 꿈이 흔들리고 있다. 이 고단한 길을 걷게 한다고? 이 힘든 길을 걷게 한다고? 부모로서 마음이 편치 않다. 이 길을 내 자식에게도 권하고 싶은가?

그 대답은 쉽지 않지만, 그럼에도 불구하고 나는 교사라는 길을 권하고 싶다. 부모로서, 그 길을 먼저 걸어본 사람으로서 자식과 함께 이야기를 나누고 싶다. 교사로서의 보람과 힘듦 그리고 우리 교사 주위에서 일어나는 많은 일들에 대해 자녀에게 들려주고 선택하도록 하고 싶다. 선택은 그의 몫이지만 말이다.

세상에 쉬운 일은 없다

모든 일은 각기 그 나름의 무게와 고충을 안고 그 무게감을 그 길을 걷는 사람에게 지운다. 교사라는 일도 마찬가지다. 그 무게와 고충이 생각 이상으로 무겁고 쉽지 않을 뿐이다. 너무나 힘들었기에 밤마다 불면증에 시달렸고, 말도 안 되는 그 상황 속에서 이 모든 것을 감당해야 한다는 현실이 못내 무거워 그만 삶을 놓아버리고 싶었다.

혹자는 이렇게 말할지도 모른다. 세상에 쉬운 일이 어디 있냐고? 모든 일이 다 힘든 면이 있고 그만큼 어려움도 있다고. 하지만 사람을 상대하고 그 사람을 통해 받는 스트레스는 업무로 받는 스트레스와는 그 결이 다르다. 반복적이고 계속되는 사람과의 일! 유난히 집요하고 상처가 되어 힘들 때가 있다. 그 해 1년은 상상을 초월하는 스트레스가 내 삶의 모든 것들을 무너뜨리고 나 자신마저 흔들리게 했다.

내가 선택한 길이기에 내가 모든 걸 감당해야 한다는 말은 맞다. 하지만 그 말은 틀리기도 하다. 주변의 말 한마디, 도움의 손길 하나가 절박한 삶과 죽음의 갈림길에 선 이에게는 희망을 주기도 한다. 몸도 마음도 힘들고 지쳤던 그때 아무것도 먹기 싫다는 내 손을 잡고 먹어야 한다며 숟가락을 쥐여주던 선배의 그 따뜻한 손은 아직도 내 마음에 온기를 불어넣어 준다. 『강아지똥』 그림책의 민들레처럼 내가 환하게 웃을 수 있도록 힘이 되어준 고마운 손길들을 기억한다. 나도 강아지똥처럼 누군가를 환하게 밝혀 주는 사람, 그런 교사가 되어야겠다. ♥김홍호

『강아지똥』(권정생 글 | 정승각 그림 | 길벗어린이 | 1996)

『강아지똥』을 모르는 사람은 많이 없을지도 모르겠다. 하지만 내가 강아지똥이 되어 읽거나, 내가 도와주고 싶은 사람을 민들레로 생각하며 읽는다면 어떨까? 우리 주위의 모두는 누군가에게는 너무나 소중한 강아지똥과 민들레이다. 그들에게 도움이 되는 말과 손길을 내밀어 보라, 민들레처럼 환해지도록!

4-5. 가정방문

[교사들의 사전]

가정방문 | 요즈음 학교에서는 공식적인 가정방문은 거의 사라졌지만, 학생이 장기 미인정결석을 반복하면 아동학대 조기 발견 및 후속 지원 연계를 위하여 여러 절차를 거치는데 그중 여러 이유로 가정방문을 실시하기도 한다.

급식을 세 번씩 먹던 아이

초등학교 3학급 병설 유치원에 근무했을 때 일이다. 나희(가명)는 각종 안내장이나 동의서를 매번 안 가지고 오는 아이였다. 현장학습 등 학부모 동의가 필요한 안내장이 누락 되어 꼭 전화를 하지만 연결이 안 될 때가 많았다. 어떤 날은 나희 어머니에게서 밤 10시가 넘는 시간에 개인 핸드폰으로 전화가 걸려 오기도 했다. 아이를 맡겨놓고 신경 쓰지 못하여 미안하다고 우는 전화였다.

나희는 매번 아침을 먹지 않고 유치원에 온다. 여섯 살 조그만 아이가 급식을 세 번, 어떤 날은 네 번도 먹는다. 나희에게 들은 바로는 집에서는 아침은 물론이고 저녁을 먹을 때도 거의 없다고 했다. 유치원에서 먹는 급식과 오후 간식이 아이가 먹는 하루 음식의 전부였다. 2년 전 가영이(나희의 언니)도 내가 담임을 했던 아이라, 나는 자주 1학년 교실로 전화를 돌려 집에 가기 전에 꼭 유치원에 들리게 해달라고 담임 선생님께 부탁드렸다. 가영이가 오면 떡이나 빵 같은 간식을 가방에 넣어주었다. 가영이의 담임 선생님인 1학년 선생님도 신경을 많이 썼다. 1학년 선생님은 가영이가 가방도 없이 학교에 다녀서 책가방을 사서 선물하기도 했다. 어느 날은 1학년 선생님이 자매의 어머니를 1학년 교실로 불러, '나를 언니라 생각하고 힘든 게 있으면 이야기하면서 풀고 가시라'고 했다고 한다. 나희의 머리에 머릿니가 있어서 다른 유치원 친구 머리에 옮긴 일도 있었는데, 머릿니 샴푸를 가방에 넣어 보내도 사용하지 않아 유치원 화장실에서 직접 감겨주기도 했다.

가정방문

그랬던 나희 자매가 며칠을 유치원과 학교에 오지 않았다. 어머니는 물론이고, 아버지께 전화를 해도 받지 않았다. 무슨 일이 생겼을까 봐 애가 탔다. 더 기다리다 혹시 아이들에게 무슨 일이라도 생길까 봐 1학년 선생님과 가정방문을 하기로 결정했다. 주소록에 있는 주소를 보고 ○○아파트를 무작정 찾아갔다. 엘리베이터에서 내릴 때부터 아파트 복도 전체에 악취가 진동하였다. 나희 집에는 사람이 있는 듯 느껴졌지만, 수십 차례 문을 두드려도 쉽게 열리지 않았다. 한참 만에 현관문이 열리고 집안으로 들어서자, 악취 때문에 눈살이 저절로 찌푸려졌다. 바닥에 수박 반 통과 자장면 그릇이 그대로 썩어 있었고, 싱크대에 음식물쓰레기가 넘쳐났다. 바닥에는 온갖 쓰레기와 술병들이 나뒹굴었다. 세탁기 문이 안 닫힐 정도로 많은 빨랫감이 쌓여있었고, 이미 세탁을 완료한 옷들은 침대 위에 수북하게 쌓여있었다.

그러던 중 작은 방에서 나희 자매와 눈이 마주쳤다. 쓰레기 더미 속에 있는 아이들을 보니 눈물이 났다. 나희 어머니는 술에 잔뜩 취해있었다. 어머니의 모습은 그전보다 살이 많이 빠져 있어서 놀랄 정도였다. 마주 잡은 손 여기저기에 핏자국이 있었다. 자해를 한 건지 다친 건지 알 수가 없었다.

바닥에 식칼과 과도가 있어서 겁이 나기도 했다. 아마 같이 간 1학년 선생님이 아니었다면 혼자서 어떻게 감당했을지 상상조차 되지 않는다. 나는 마음을 다잡고 용기 내어 어머니께 말했다.

"나희 어머니, 왜 이러세요? 우리 예쁜 가영이, 나희를 봐서라도 힘내서 사셔야지. 아이들 왜 학교랑 유치원에 안 보내시나요?"

피가 묻은 나희 엄마의 손을 꼭 잡고 토닥였다. 어르고 달래고 내일은 꼭 유치원과 학교에 보내겠다는 확답을 받고 돌아왔다. 유치원에서 보는 나희의 모습으로는 그런 환경 속에서 살 것이라고는 상상도 못 했다. 그런 환경에서 그렇게나 예쁘게 자라준 나희 자매를 생각하니 계속 눈물이 났다.

며칠 후 나희 어머니는 119를 타고 ○○의료원으로 이송되었다고 들었다. 나희 어머니의 병명은 알코올 중독과 폐결핵이었다. 오랜 시간 동안 지속적으로 식사는 못 하고 소주만 마셨기 때문에 생긴 일이었다. 결핵은 남에게 옮길 수 있는 병이라 유치원이 발칵 뒤집혔다. 나희 자매와 담임인 나도 검사를 받았다. 나희 자매가 양성이 나오면 모든 유치원 아이들이 검사를 받아야 했다. 나희 엄마의 피 묻은 손을 맞잡기도 해서 내가 혹시 양성이면 아이들에게 영향을 주었을까 걱정이 됐다.

결국 위탁가정으로

그 뒤 아동보호전문기관에서 아동학대 관련 사안을 조사하러 유치원을 방문했다. 담임교사인 나와의 면담 후 나희 인터뷰가 이어졌다. 그리고 자매는 위탁가정으로 옮겨졌다. 12월 중순쯤이라 학기가 다 끝나갈 무렵이었는데 아쉽게도 어디로 옮겨졌는지 담임인 나조차도 모르게 아이는 비밀리에 다른 유치원으로 보내졌다. 나희 부모에게는 접근금지명령이 내려졌고 1학년 가영이의 비밀전학도 이루어졌다.

그리고 한참 만에 나희 자매의 소식을 듣게 되었다. 나희가 머물고 있던 위탁가정의 보호자가 우리 유치원 선생님이 다니는 교회에 나희 자매와 다른 아이들을 데리고 나왔다고 했다. 깔끔한 옷에 얼굴도 살이 오른 모습으로 겉보기에 아주 잘 지내 보인다는 소식이었다. 우리 유치원에 다닐 때 계절에 맞지 않은 옷을 입고, 날씨가 추운데도 맨발로 얇은 운동화를 신고 다니는 모습이 계속 마음에 남았다. 핑크색 털부츠를 유치원 선생님께 건네며, 다음 주 교회에 나희가 또 나오면 전해달라고 부탁했다. 지금도 눈을 감으면 쓰레기 집에서 떨고 있던 나희 자매가 생각난다. 그 아이들이 행복해졌으면 좋겠다. 상처받은 것, 배고팠던 것, 힘들었던 것, 추웠던 것 모두 잊고 아주 잘 지냈으면 좋겠다. ♥최순경

『나는 집에 가기 싫어요』(소년사진 신문사 글 | 기타하라 아스카 그림 | 다봄 | 2021)

이혼 이후 우울증에 시달리며 아이를 방치하는 엄마를 둔 아이와 술만 먹으면 가정폭력을 일삼는 아빠를 둔 아이 둘이 놀이터에서 만난다. 둘은 집에 가기 싫은 점이 닮았다. 두 아이의 외로움, 타인에 대한 경계심, 관계 맺기의 서툰 행동 등이 그려진다.

그러던 어느 날 한 아주머니가 다가와 두 아이에게 말을 건넨다. 아이들이 놀이터에서 저녁 늦게까지 머무는 것이 더 놀고 싶어서가 아닐지도 모른다. 집에 가기 싫은 이유가 있어서일지도 모른다. 어른의 역할보다는 아이들의 심리와 용기에 더 초점을 둔 그림책이다. 과연 아이들은 용기를 내서 입을 열게 될까?

4-6. 악성 민원

[교사들의 사전]

악성 민원 | 학교에서 교사는 때로 아이에 대한 이해 혹은 기관 생활 적응을 위한 도움 등을 필요로 하는 상담도 있지만, 뜻하는 바를 요구하거나 항의하기 위한 악의적인 민원을 만날 때가 있다.

처음으로 기관 생활을 하는 아이

현수(가명)는 여섯 살이지만, 어린이집을 거치지 않고, 병설 유치원에 입학한 아이였다. 처음으로 기관 생활을 하는 아이라, 기본생활 습관이나 단체생활에서의 규칙을 잘 모르는 것은 당연한 것이었다. 하나씩 배워가면 되니까. 그리고 아이도 유치원을 무척 좋아했기 때문에 별 무리가 없을 줄 알았다.

그러나 아이는 대소변 처리부터 문제가 생겼다. 현수는 소변기를 사용해 본 적이 없었다. 바지를 내리고 소변기 앞에 서서 소변을 누는 것을 가르치는 것은 어려운 일에 속하지도 않았다. 그리고 꼭 소변기에 서서 소변을 보지 않더라도 변기에 앉아서 소변을 봐도 되었다. 아이의 어머니는 집에서 음료수병에 소변을 받아서 화장실에 가서 버린다고 하였다. 나는 유치원에서 지도한 것이 습관이 되기를 바랐으므로, 집에서도 이제 음료수병에 소변을 받아서 버리는 방법은 좋지 않다고 하였다.

아이는 계단을 올라가 본 적도 없었다. 지금까지 계단을 올라갈 일이 있으면 어머니가 업어서 올라갔다고 했다. 우리 유치원의 급식실은 마침 2층에 있어서 매일 같이 계단을 사용해야 했다. 어머니는 내가 업어주거나, 부축해 주기를 원했지만, 현수는 별다른 도움 없이도 혼자서도 잘 올라갔다. 현수는 소변을 보는 것도, 계단을 올라가는 것도 한두 번 만에 잘하게 되었다. 시도해 보지 않아서 할 수 없었던 것이었다.

급식을 먹을 때도 크고 작은 일이 많았다. 채소를 전혀 먹지 않은 아이라, 어머니께 상담 때 볶음밥이나 카레라이스 할 때 작게 다져서 먹을 수 있도록 해보면 어떠냐고 했더니, 일부러 크게 깍둑썰기해서 넣어준다고 하셨다. 그래야 젓가락으로 집어서 쉽게 빼줄 수 있기 때문이란다. 아이가 겪는 문제는 어쩌면 부모의 협소한 생각이나 착각에서 일어난다. 우리 아이가 하지 못하는 것이 있다면 부모가 먼저 용기 내어 아이에게 할 수 있도록 격려하고 기다려 보자. 아이가 실천할 수 있도록 작은 목표부터 함께 도전할 수 있게 하자.

CCTV 보자고. 당장!

한 번은 현수 얼굴이 빨갛게 되었다. 친구와 놀다가 친구 머리와 부딪힌 것이었다. 머리를 부딪힌 친구는 별 타격이 없었지만, 현수는 얼굴을 부딪쳤기 때문에 빨갛게 되었고 아파하며 눈물을 찔끔 보였다. 다행히 얼굴에 흉터가 될 만한 긁힌 자국이나 피부가 벗겨진 흔적도 없었기 때문에 나는 가슴을 쓸어내렸다.

그러나 현수 어머니에게 상황을 설명하는 과정은 남아있었다. 교사가 죄송할 일은 아니었지만, 어머니에게 전화해서 상황을 설명하고, 죄송하다고 말했다. 어머니는 이해하는 듯이 보였다. 그러나 다음 날, 아이의 아버지가 찾아왔다. 아버지는 현관에서부터 큰 소리로 나를 찾았다. 나는 당황하지 않으려고 애쓰며, 어제의 상황을 다시 한번 설명하였다. 아버지는 화난 음성으로 얼마나 귀한 아이인 줄 아느냐고 소리쳤다. 당장 CCTV를 보겠다고 하였다. 아이들의 사생활 침해 등을 이유로 아직 교실에는 CCTV가 없다고 하자, 교장실을 찾아가겠다고 언성을 높였다. 속으로 이 상황이 순조롭게 해결되길 얼마나 기도했는지 모른다. 목소리가 울먹거리거나 떨리지 않기를 수없이 바라며 말했다.

"교장실을 찾아가셔도 됩니다. 그러나, 가실 때 가더라도 이것만은 생각해 주셨으면 합니다. 유치원 생활도 하나의 사회입니다. 저는 현수가 사회생활을 잘해 나가도록 돕기를 원합니다. 친구와 놀다 보면, 서로 부딪히기도 하고, 갈등이 생겨 마음을 다치기도 합니다. 그게 싫다면 유치원에 오지 말고 집에 있으면 됩니다. 하지만 부모님이 집에서 아이를 돌보더라도 책상에 부딪히거나 넘어져서 다치는 일이 생길지도 모릅니다. 유치원에서 생활하다 보면 현수가 친구에게 맞을 수도 있고 현수가 때리는 일이 생길 수도 있습니다. 사실 며칠 전에도 현수가 다른 친구를 주먹으로 때린 적이 있습니다."

라며 간곡히 현수 아버지께 호소했다. 현수 아버지는 결국 교장실을 가지 않았다. 그 일이 아니더라도 현수의 부모님 때문에 힘든 일이 많았다. 아버지가 다시 오는 일이 없도록 현수가 다치지 않도록 교사 옆에 데리고 있으려고 노력하였고, 갈등 상황이 오지 않도록 한 친구와는 떼어 놓으려고 애썼다. 비록 부모님은 힘든 부분이 많았지만, 현수가 유치원과 선생님을 무척 좋아하는 것이 그나마 다행이었다.

민원과 죽음

며칠 전 대전의 한 선생님이 또다시 목숨을 스스로 끊었다. 서이초 교사의 죽음 이후로 최근 열흘 남짓 동안 5명의 선생님이 스스로 목숨을 끊은 것이다. 대전 선생님은 4년 전 1학년을 담임할 때 아동학대로 신고당했고, 긴 소송과 고통의 시간을 거쳐 무혐의로 밝혀졌다. 그러나 그 이후에도 지속적으로 4년 넘게 해당 학부모의 민원에 시달렸다고 한다.

지금까지 일어난 선생님의 죽음은 대부분 악성 민원과 관련이 있다. 대전 선생님의 불안을 눈치챈 자녀가 자주 사랑한다고 말하고 안아주었다는데, 자신이 태권도 학원에 간 사이에 엄마가 죽었다며, 학원에 안 갔으면, 엄마가 안 죽었을 거라고 본인을 자책한다는 이야기를 기사에서 접하고 몹시 비통했다. 자녀도 생각나지 않을 만큼 무엇이 그 선생님을 그렇게 힘들게 했을까. 대전 선생님은 서이초 교사의 죽음 이후 매주 열리는 교사 집회에 참석하며 힘든 고통의 시간이 더 선명히 떠올라 더욱 많이 힘들어하였다고 한다. 지난 7차 집회 때는 나도 중·고등학생 아들, 딸과 함께 여의도에 있었다. 지금 사태를 함께 목도하며 탄식하는 수많은 인파들을 보았다. 너무 뒤쪽이라 국회의사당은 보이지도 않았다. 그때 혼자 조용히 와서 우리 뒤에서 목청껏 구호를 외치던 이름 모를 선생님의 모습이 머릿속에서 선연하다. 그 선생님은 뒷자리까지 전광판이 잘 보이지 않자, 실시간 유튜브 방송을 켜 놓고, 울면서 뜨겁게 외치고 있었다.

"아동 학대법 개정하라, 악성 민원인 강경대응하라."

라고 목청껏 외치던 그 모습! 그 모습이 대전 선생님의 모습일지도 모른다. 나도, 우리 아이들도 그렇게 외쳤다. 작은 목소리들이 하나하나 모여 함께 하는 모습이 감동적이라, 눈물이 났다.

    선생님은 매주 열리는 집회에도 불구하고 조금도 변화가 없는 교육 현장에 절망했을지도 모른다. 상처받아 떠난 선생님들의 이야기를 알고 있는 사람이라면 교사 한 명 한 명이 목소리 높여 외치는 변화를 모른척하지 않았으면 좋겠다. 이미 떠나버린 선생님들의 희생이 헛되지 않도록, 그리고 더 이상 소중한 생명이 교육현장을 떠나지 않도록 이 글을 읽는 모두가 기억하고 함께 외쳤으면 좋겠다. 잘못된 교육 현장을 짐짓 모른 체 한다면 언젠가 그 일이 나에게 그대로 재연될 것임을 잊지 말자. 잘못된 아동학대법을 개정하고 악성민원에 대한 강경대응책을 마련하라! 어서!♥최순경

『망가진 정원』(브라이언 라이스 글그림 | 이상희 옮김 | 밝은미래 | 2020)

『망가진 정원』 그림책은 정원이라는 공간을 통해 '상실감'에 대한 이야기를 우리에게 건넨다. 교육에 누구보다 열정적이었던 후배와 선배 교사들이 극단적인 선택을 하는 학교 상황은 망가진 정원의 모습과 닮아있다. 주인공과 함께한 소중한 존재가 세상을 떠나자 함께 가꾸던 정원은 망가져 버리고, 갈수록 엉망이 되어간다. 망가진 정원에 조금씩 변화가 생긴 건 아무렇게나 자라는 잡초 사이에서 열심히 싹을 틔우는 호박 덩굴을 보고 나서였다. 주인공은 다시 정원에서 호박 덩굴을 정성껏 키우기 시작하며 희망을 발견할 힘을 얻는다. 우리 교육 현장에도 다시 한번 온 마음을 다해 소망한다. 더 나은 교육 현장이 될 수 있는 작은 씨앗들을 정성껏 싹 틔워 희망을 주는 곳이 되어 더 이상 학교를 떠나는 교사가 생기지 않길 바라본다.

4-7. 교사가 입에 달고 사는 그것

[교사들의 사전]

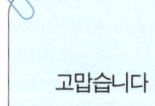

| 고맙습니다
감사합니다 | 교사는 대부분 '네네'를 반복하며 '고맙습니다', '감사합니다'를 입버릇처럼 달고 산다.
'미안하지만~ 혹은 미안합니다'로 지나치게 겸손한 표현을 잘 쓰기도 한다. |

어느 날 우리 집 아이들이 시리얼을 먹다가 둘째 녀석이 시리얼 안의 것을 밖으로 던지는 장난을 치고 있었다. 순간 눈이 마주치자 둘째 아이는 손을 싹싹 빌며

"어머니, 미안합니다."

라고 말하는 것이 아닌가? 너무 당황스러웠다. 어린아이가 이런 행동과 말을 하는 것이 낯설었다. 나는 바로 소리쳤다.

"미안할 게 뭐 있어? 또 손을 비는 건 또 뭐야? 어린이는 원래 다 그러면서 크는 거지."

이 상황을 가만히 지켜보던 첫째가 한마디 보탰다.

"그거 엄마한테 배운 거잖아. 엄마가 맨날 미안해~ 미안한데~라고 말하잖아. 그러니깐 엄마도 그 말 하지 마!"

나는 순간 마음이 쇠망치로 맞은 듯 쿵 하고 내려앉았다. 내가 겸손의 어투로 붙인 그 말이 습관이 되었나 보다. 아이들이 그 모습을 그대로 따라 하는 모습을 보며 너무 서글펐다. 첫째의 말이 뇌리에서 떠나지 않는다.

언제부터 나는 모두에게 미안하게 되었나

초임 때는 업무를 배우는데 막막함과 두려움에 그저 배우기 급급했었다. 교사에게 업무와 수업은 분리될 수 없는 외줄 타기다. 외줄 타기에서 떨어지지 않으려면 항상 교사는 긴장의 연속인 삶을 감내해야 한다. 초임이라 할지라도 처리해야 할 일과 업무는 학교마다 비슷하므로 매 순간 잘 배워서 무탈하게 처리해야 한다는 압박감은 나에게 죄책감마저 들게 했다. 모두 낯설고 어려운데, 실수마저 용납되지 않는 교육 현장에서 내가 할 수 있는 건
"죄송합니다만 제가 잘 몰라서."
라고 말하는 것밖에 없었다.

수업은 또 어떤가. 교사는 아이들과 함께 생활하기 때문에 학교에서 일어나는 전반에 대해 학생들에게 중간자 역할을 한다. 그러므로 비록 교사가 계획 혹은 의도하지 않더라도 그 결과는 교사가 고스란히 떠안을 수밖에 없다. 계획된 행사에 비가 와도 학부모에게 사과하고, 아이들에게도 미안해하고, 심지어 그 일을 계획한 사람은 관리자에게도 죄송해하며 일 처리를 해야 한다. 그런 와중에도 한두 명이 불만을 토로하거나 교사의 지도에 납득하지 못하고 계속 잘못된 말과 행동을 보이면 교사의 에너지는 기하급수적으로 소진된다. 일어난 상황만 '설명으로 끝-!'이라고 할 수가 없고, 그로 인해 생긴 많은 이들의 변화된 일정으로 인한 불편한 상황과 그에 따른 감정까지도 오롯이 교사의 몫인 것이다. 원래 계획된 활동을 못해서 마음 상한 아이들에겐 어르고 달래듯이 이야기하며 또 다른 교육활동으로 대체하여 수업을 진행해야 하고, 항의하는 학부모에게 교사가 할 수 있는 선택지는 거의 없다. 사과밖에는.

그렇게 교직 생활을 하면서 내내 마음속으로 되뇌이게 되는 말이 바로
"죄송합니다."
이다. 더 큰 민원을 피하기 위해 교사라면 입버릇처럼 달고 살아야 하는 말이다.

'감사합니다'로 주문을 걸자!

아이들과 함께하다 보면 아주 소소한 일에도 감동하게 된다. 교직이라는 일의 특수성 때문일까. 글을 모르던 아이가 글을 알게 될 때도, 무뚝뚝한 아이가 한마디 내뱉은 인사말에도 뭉클하게 된다.

교사는 대게 고립된 공간에서 홀로 감내해야 하는 것들이 많다. 겉으로 보기에는 고요하고 편안해 보이지만 하루에도 수행해야 할 것이 많은 것은 분명하다. 그것들을 그저 절박하게 버틸 수 있는 한마디의 말은 바로
"감사합니다."
가 아닐까. 교사인 내가 마주하고 있는 가장 소중한 것은 내가 맡은 아이들인 것이다.

교실에 옹기종기 앉아 나를 응시하는 아이들을 바라본다. 의욕이 없는 아이, 마음이 다른 곳에 있는 아이, 2교시도 버티지 못하고 힘들다고 바닥에 누워버리는 아이 등 무척이나 다채로운 아이들이 한 공간에서 끊임없이 소통하며 이제는 하나라도 선생님과 같이하자며 아기 새와 같은 자세로 나를 쳐다보는 아이들이 보인다. 일 년 동안의 기적과도 같다.

그래서 나는 오늘도 주문을 외듯 말한다.

매일 조금씩 커 가는 아이들이 고맙고, 대견하다. 학교에 무사히 와 준 것

만으로도 기특하다. 이제 2학년으로 올려보낼 수 있을 것 같다. 나는 오늘도

"감사합니다."

를 연발한다. 나는 주문을 걸듯 그 말을 외치며 앞으로 나아가고 있다. 아이들이 성장하듯 나도 부쩍 커가고 있다.

꼭꼭 숨어라! 교사인 것을 숨겨라!

학교 밖에서도 교사는 자유롭지 못하다. 한국 정서에서 오랜 기간 요구되어 졌던 특유의 도덕성(나만의 생각일 수 있지만) 때문인지 얌체 짓이나 비도덕적인 행동은 절대 해서도 안 되고 할 재간도 갖고 있지 못하다.

교사는 학교 밖에서 대화를 나누다가 뜬금없이 이런 말을 듣는다.

"어머, 안 그래도 선생님인 것 같았어요."

"? (나의 놀란 표정)"

이 말을 들으면 나는 이렇게 되묻고 싶다.

"지금 나를 얼마나 봤다고 그러시는 거예요? 설마 비웃을 마음은 아니시죠?"

라고 말하고 싶지만 항상 웃으면서

"호호호~ 어머 그러셨구나."

라고 슬픈 웃음을 삼킨다. 사실 정확히 어느 부분에서 내가 교사라고 판단했는지 구체적으로 따져 묻고 싶지만 말이다.

예전에 한 번은 몸이 여기저기 불편한 느낌에 한의원을 갔다. 스트레스를 많이 받아 기(氣)가 막힌 형태라며 침을 놓는 치료를 몇 번 더 받으라고 권

유받았다. 한의원의 치료를 좋아하기에 망설임 없이 치료를 이어가던 중 또 한 번 더 놀라지 않을 수 없었다.

"안 그래도 선생님 같으셨어요. 어디 유치원? 초등학교?"

불끈한 마음을 가라앉히고, 서글프게 웃기만 했다. 그러고선 내가 교사라는 걸 알고 있어서 나 스스로 그에 걸맞은 행동을 한 건지 계속 자신의 행동을 되돌아보느라 지쳐 두 번 다시 그 한의원에 가지 않았다. 미용실에서도 비슷한 경험을 하면 당혹스러움에 그 이후 말도 잘 못하고 서둘러 미용실을 나올 때도 많았다.

사람들의 무의식 속에 각인된 '교사'에 대한 선입견은 무엇일까. '교사'라는 존재에 대한 고정관념이 무엇이든 간에 대부분 교사는 자신이 교사라는 게 노출되는 순간을 달가워하지 않는다. 드러나는 순간 사람들이 가진 '교사상'에 이상적으로 부합해야 하는 부담감에 숨이 먼저 탁 막혀버리기 때문이다.

내가 존경해 마지않고 열렬히 사모했던 선생님의 모습을 보고 선생님이 되었건만 그 모습에 조금이라도 가까워지기 위해 작금의 현실을 탓할 틈이 없다. 한 번 더 정신줄을 부여잡고 나의 말과 행동거지를 반듯하게 세워야 하기 때문이다. ♥조민지

『파닥파닥 해바라기』(보람 글그림 | 길벗어린이 | 2020년)

해바라기 그림이 귀엽게 그려져 있기만 하지만 결코 재미있게 넘길만한 그림책은 아니다. 당연한 듯 보이는 물과 햇빛도 키 작은 해바라기에게는 당연하지 않다. 키 큰 해바라기 사이에 자리 잡은 키 작은 해바라기의 위치 때문이다. 어떻게 이 난국을 헤쳐 나갈 수 있을까 고민을 시작한다. 해결 방법이 무엇일까 상상해 보는 것도 책을 읽는 즐거움이다. 그리고 그 해결 방법을 알게 되는 순간 내가 미처 알지 못했던 주변의 배려와 관심이 무엇인지 반성하게 된다. '파닥파닥~ 파닥파닥~' 책을 읽고 난 후에도 이 소리가 귓가에 계속 맴돈다. 나 역시 키 작은 해바라기의 파닥파닥처럼 절박한 날갯짓이 필요하며, 동시에 누군가의 날갯짓 소리에 귀를 기울여야 하는 게 그 이유다.

제5장

교사를 둘러싼 세상

마음먹은 정도만큼만 행복해진대요.

마음이라도 크게 가져요. 공짜인데…

5-1. 학교 공간에 대한 사私소小한 생각

[교사들의 사전]

| 교실 | 아이들에게 교실이 마음껏 배울 수 있는 가장 안전하고 따뜻한 장소이길, 교사에게는 아이들과의 배움의 시간이 방해받지 않고 함께 성장할 수 있는 공간이길. |

학교는 환경 개선 사업 중

 19세기 교실에서 20세기 교사들이 21세기 아이들을 가르친다는 말이 있다. 사회나 우리 아이들은 빨리 변하는데, 사실 공간이라는 것은 한 번 만들어 놓으면 변하기가 굉장히 힘들기 때문에 나온 말이리라. 그럼에도 학교라는 공간은 변화를 꿈꾸고 있다. 그린스마트 미래 학교, 지능형 융합 교실 등 학교는 학생들에게 더 좋은 교육 공간, 쾌적한 환경을 마련하고자 변화하고 있다. 방학 기간을 이용해 매 공간을 수리하고 매만지거나 혹은 모듈러 교실 형태를 구상하기도 한다. 아이들 전보다 더 좋은 환경에서 지낼 수 있어서 기대가 되지만, 방학 때면 어김없이 교실의 모든 짐을 꾸리는 일로 인해 환경 개선 사업이 마음 편히 다가오지 않는다.

 공사 전후로 학교는 탈바꿈을 시도한다. 그 과정에서 교원, 학생, 행정직원 등 교육 주체들은 많은 부분에서 인내를 요구받는다. 교육구성원의 많은 불편과 노력의 값을 치르며 학교 환경이 바뀌는 것이므로 학교가 어떤 모습으로 변해야 하는지 톺아보자.

학생들이 교실에서 가장 좋아했던 곳은 아이들만 들어가 쉴 수 있는 비밀 공간과 실내화를 벗고 편안하게 뒹굴며 있을 수 있는 온열 바닥이었다. 우리 아이들은 학습 공간 못지않게 쉬는 공간을 목마르게 갈망했던 것이다.

학교 공사를 끝내고 맞이한 교실은 단정하면서 세련된 공간이 되었지만, 뭔가 어색해 보였다. 화분을 갖다 놓아보았더니 한결 아늑해졌다. 한때 화분에 심취해서 진열을 많이 했는데 애들이 놀다가 떨어지면서 크게 깨져버린 이후에는 혹여 아이들이 다칠까 봐 학교에 들고 가지 않는다. 지금은 모니터 옆 안전한 플라스틱 통에 종이꽃을 놓았다.

삭막한 공간이 작은 꽃 화분, 푸른 식물이 닿아 공간의 숨결이 달라진다. 피톤치드까지는 아니어도 생명력을 마구 뿜어대는 푸른 식물들이 있으니 내 마음도, 아이들 마음도 편안해진다.

그렇지만 그린스마트 교실에 식물 기르는 공간에 대한 배려는 없는 듯하다. 아이들이 늘 숨 쉬고 놀고 부딪히는 공간을 좀 더 편안하고 따뜻하게 만들어 줄 필요가 있다. 아이들이 쉴 공간을 마련하는 것은 급당 학생 수를 줄이고, 교실 공간을 재구성할 수 있는 다양한 사례를 공유해보면 어떨까. 또 식물을 기르는 것은 막대한 공사 기간과 비용을 지불하지 않고도 충분히 가능하다. 기르는 이의 정성과 수고로움이 필요하지만 그 과정을 함께 하며 아이들이 느끼고 배울 가치는 무한하다.

라떼는 말이야

국민학교로 입학했다가 초등학교로 졸업한 세대인 나. 입학 초 만해도 나무 책상과 의자를 썼는데 초등학교로 명칭을 바꾸면서 철제로 튼튼해진 책상, 단단한 의자가 나를 반겨주었다. 어린 시절임에도 새로운 책상과 의자는 정말 좋았던 기억이 난다. 화분에 물 주기, 창문 틈 닦기, 난로에 사용할 기름통 나르기 등 학교 교실 환경에 대한 추억을 이야기하면 '라떼'라는 소리를 들을까 피식 웃음이 나온다.

여하튼 마룻바닥 틈새 사이에 낀 쓰레기까지 먼지 안 나게 쓸기, 물 묻혀서 대걸레질 말끔히 하기, 마룻바닥에 왁스 칠해서 광나게 닦기 등등 나무 책상은 2명이 나눠 써야 하기에 선을 긋고 선을 긋다가 싸우기도 하고 그랬던 시절. 쉬는 시간이면 철봉, 정글짐, 쇠로 된 그네를 타거나 먼지 나는 바닥에 주저앉아 공기놀이 아니면 모래 흩뿌리기를 하거나 그림을 그리기도 하고 두껍아 노래를 부르며 손톱 안에 모래가 가득하도록 모래놀이를 했다. 지금과 다르게 그때의 놀이터에는 부족함 투성에 놀잇감도 없지만 상상해서 만들어 낸 놀이로 채워진 추억만큼은 풍성하다. 우리는 그 속에서 웃으며 싸우며 놀면서 건강하게 자라왔다.

배움과 성장이 일어나는 곳

아이를 키우면서 느낀 바는 정해진 순리를 지키지 않으면 탈이 난다는 것이다. 아무리 좋은 음식이라도 발달 단계에 앞서는 음식을 줄 수는 없다.

『오소리네 집 꽃밭』에서 오소리 아줌마는 어느 학교 운동장의 화단을 보고 '아름답다'고 생각한다. 집에 돌아와서 화단을 만들자며 괭이를 들고 나선다. 괭이질을 하려는 순간 여기저기에 이미 꽃이 피어있었음을 알게 된다. 이미 예쁘고 향기로운 꽃들로 가득 찬 거대 화단(산)에서 살고 있던 것이다. 오소리네 부부는 '꽃이 지천으로 피었구려.'라는 말과 함께 괭이질을 멈춘다. 이 장면은 우리가 뭔가를 바꾸려다 지금 놓치는 것은 무엇인지 생각하게 한다.

아이들이 마음껏 뛰어노는 공간은 꼭 놀이터가 아니어도 된다. 안전을 평계로 아무것도 하지 않거나 못하게 할 것이 아니라 있는 그대로 흙과 돌, 나무를 직접 보고 만지고 느끼게 하면 어떨까. 성장하는 아이들이 마음껏 배우고 성장할 수 있도록.

한번 들여온 첨단 기기는 잘 운용되지 않으면 애물단지가 되어버린다. 고가의 장비를 구입했지만 교사가 수업에서 거의 사용하지 않아 몇 년 후에는 버려지는 기기의 수를 헤아리기도 벅차다. 정책에 의해 구입된 기기들은 교육 현장에서 교사나 학생의 요구와는 관계없이 일단 도입되는 것이 불편한 진실이다. 첨단 기기만 들여놓으면 미래교육이 되어 아이들이 만족할 거라고 생각하면 오산이다. 학교는 학생들이 잠시 머물러도 편안하게 생활할 수 있는 곳이어야 한다는 것을 잊지 말자. 아이들이 편안해야 소중한 배움과 성장이 일어날 수 있다.

앞으로의 우리 교실, 학교 공간을 구성할 땐 오소리 아줌마처럼 중요한 것을 놓치지 않아야 한다. 학교 공간이 자연 친화적이고, 아이들이 편안하게 배움과 성장에 집중할 수 있는 공간으로 거듭나길 간절히 바란다.♥조민지

『오소리네 집 꽃밭』(권정생 글 | 정승각 그림 | 길벗어린이 | 2000)

회오리바람이 불던 날 오소리네 아줌마는 40리나 떨어진 낯선 곳에 이른다. 장터 구경도 잠시, 집으로 급히 돌아가던 중 학교 화단에서 꽃밭을 보게 된다. 집에 와서 예쁜 꽃밭을 만들자며 남편과 주변을 둘러본다. 괭이질할 틈 없이 집 주변은 이미 온갖 꽃들이 가득했다. 무언가를 소유하려고 하기 이전에 주변을 둘러보는 것은 어떨까. 일부러 바꾸거나 기교를 부리지 않아도 이미 아름다움으로 가득 차 있음을 이야기 나누기 좋은 그림책이다.

5-2. 오늘도 상담 중

[교사들의 사전]

> **학부모**
> 학창 시절 좋은 경험이 있는 사람은 학교에 대한 신뢰를 가진 학부모로 만날 수 있지만 그렇지 못할 때도 있다. 나 역시 교사인 동시에 학부모로 상담을 받을 때 많은 생각이 든다.

참담한 상황을 마주하고

학생 인권 조례 때문에 교권이 추락하였다는 말도 있지만 조금 더 생각하면 그렇게 말하는 분위기 때문에 더 추락하였다가 더 맞을지도 모르겠다. 학생 인권과 교권은 나눠 먹기식으로 서로 상충하는 관계가 아니기 때문이다. 이 둘은 각자 고유의 권리이면서 성질이 다른 영역에서 비롯된다. 그럼에도 불구하고 일부 언론과 사람들이 학생 인권을 존중하면 교사를 무시해도 된다는 식의 여론을 만들었다고 생각된다.

교실 붕괴를 넘어 교사의 생존권을 요구하는 상황을 마주하게 된 지금. 여러 안타까운 소식을 들으면서 서이초 교사의 참변을 편향적인 시각에서 조사를 서둘러 마무리하려는 교육부의 입장들이 더욱 공분을 사게 한다. 울분을 삼키면서도 동시에 나는 어디에 있어야 할지, 다시 어떤 에너지로 교실에 돌아가야 하는지 인내의 시간을 감내한다.

선생님, 우리 아이에게 생각할 기회를 주셨나요?

위 말은 1학년 담임교사로서 해마다 한두 번 학부모에게 듣는 단골 민원이다. 올해도 역시 만났다.

수학 시간에 덧셈 학습 내용을 칠판에 설명했다. 이후 문제 풀이를 하도록 안내했는데 그중 한 아이가 설명한 내용과 다른 수학 문제를 풀고 있는 것이 보였다.

"지금은 선생님이 설명한 덧셈 문제를 푸는 거야. 문제를 빨리 푸는 것도 좋지만, 선생님 설명을 듣고 덧셈이 무엇인지 이해하는 과정이 더 중요하단다."

그날 퇴근 후 학부모에게서 상담 요청 문자가 왔다.

먼저 아이가 수학을 좋아하고 잘하고 있기에 발생한 일이라고 이해를 구했다. 수학 지도 방법에서 원리의 중요성을 공감해 주길 바랐지만 계속 이어지는 학부모의 일관된 민원 사유는 선생님의 지적으로 아이의 기가 죽었고 학습 의욕도 떨어졌다는 것이었다. 사실 받아들일 수 없었지만 학부모의 계속되는 항의에 결국 교사의 사과와 반성으로 마무리했다. 상담 후 내 말을 믿지 않고 나쁜 교사로 몰아가던 상담이 계속 떠올라 어찌나 눈물이 나던지 눈이 퉁퉁 부어 다른 사람에게 보일까 봐 죄인처럼 퇴근했다. 다음 날 학교로 갔지만 자꾸만 상담 생각이 나 다음 차시 수학 수업을 이어 갈 수 없었다. 다른 시간에도 비슷한 상황이 일어났었다. 교실에서 꽃 이름에 대해 함께 알아보고 학교에 피어있는 꽃을 관찰한 후 꽃 이름 맞추기 활동을 했다. 그런데 그것이 그 아이에게 불편했는지 그날 오후 아이의 학부모는 또 전화 상담을 요구해 왔다. 아이가 생각하고 있었는데 선생님이 먼저 답을 얘기해

버려서 창피했다는 것이 그 이유였다.

" 선생님, 저희 아이가 꽃 이름을 하나씩 하나씩 생각하면서 아까 보았던 꽃들을 떠올리고 있었다고 합니다. 그런데 선생님이 생각하기도 전에 먼저 답을 얘기하셨다는데, 사실일까요?"

무슨 답을 어떻게 해야 하나 고민되어 어떤 말도 나오지 않았다. 수학 시간처럼 통합 시간에 있던 일로 아이의 기분이 상해서 아이가 엄마에게 전달했을 것이라 짐작하고 충분히 이야기를 나누었다. 1학년의 눈높이에서는 충분히 있는 일이다. 매일, 매시간 그런 일이 왜 없겠는가.

그러나 또 다른 문제는 아이가 겪은 문제를 교사에게 상의하지 않고 무조건 부모에게 말해버리는 것이다. 처음 학교에 자녀를 보낸 학부모도 1학년이라는 말이 있다. 1학년 학부모도 학부모가 처음이라 아이의 말만 듣고 지레짐작해서 바로 담임 교사에게 민원을 제기하는 일이 비일비재하다. 전화로 아이의 입장을 대변하는 학부모들을 만나면 친절하게 응대하지만 그러고 나면 내 마음은 여지없이 무너진다.

감정은 존중하되 상황을 헤쳐 나가도록 일러주는 것, 스스로 부딪힐 기회를 주는 것이 중요함을 해마다 깨닫는다.

교사 역시 학부모

나 역시 학부모로 내 자녀를 통해 배우고 내 자녀의 담임 선생님을 통해 늘 배우며 감사한다. 공개 수업을 갔다가 좌석 배치를 보고 내 자녀의 평소 행동 모습을 알 수 있어서 웃음이 터진 적도 있었다. 대다수의 학부모가 그 렇듯 정체를 알 수 없는 '교우관계'에 날이 서 있는 편이라 친구들에 대해 조 금이라도 걱정하는 낌새를 보이면 바로 상담 요청을 하곤 했었다. 어느 날 첫째 담임 선생님께서 말씀해 주셨다.

"어머님, 재희(가명)는 잘하고 있어요. 어머님께서 먼저 마음을 놓으셔야 재희가 편해져요."

나도 알고 있었는데 그 답을 또 듣게 되었다. 명쾌하게 들렸다. 상담을 마치고 돌아오던 차 안에서 반성의 눈물을 줄줄 흘렸다. 선생님께 감사했고 딸에게 미안했고 내가 지독하게 원망스러웠다.

그래서 그날부터 나는 딸에게 묻고 싶은 친구 이야기를 목구멍 저 밑으로 꾹 집어넣었다. 그리고 그런 궁금증이 또 생각날 즈음이면 선생님과의 상담을 떠올리며 마음을 다잡았다.

그림책 『학교 싫어』의 표지를 보면서 처음에는 주인공이 학생인 줄 알았다. '무슨 이유 때문에 학교가 싫을까?' 하고 생각하며 그림책을 펼치니 그 사람은 학생이 아니라 엄마였다. 엄마는 등교하는 길부터 학교를 싫어하는 기색을 팍팍 낸다. 어떤 상황에서도 학교가 못 미덥다. 아이가 수업을 하는 와중에 불이라도 날까 소화전 벨을 눌러보며 소동을 피운다.

짐작하건대 엄마의 유년 시절과 학교에 대한 기억이 자녀에게 투영된 것이라는 생각이 스쳤다. 혹은 소중한 내 자녀는 더욱 특별할 이유가 있다는 극성스러운 오판으로 이어지는 고리인가.

누구나 학생이었고, 이제 교사이며 동시에 학부모이기에 학부모의 마음을 왜 모르겠는가. 너무도 소중한 아이가 학교라는 공간에서 혹여 상처받거나 차별받지는 않을까 걱정한다는 것을 말이다. 그러한 초조한 마음으로 아이에게 학교에 대한 불안을 전가한다면 아이는 그림책 『학교 싫어』의 아이처럼 학교에서 즐겁게 생활하는 것을 꿈꾸기 어려울지도 모른다.

믿는 만큼 성장한다는 말처럼 학부모가 교사와 학교를 믿어야 한다. 그래야 아이도 교사와 학교를 신뢰하고 편안하게 배움의 발돋움을 시작할 수 있을 것이다. ♥조민지

『학교 싫어』(상드라 넬슨 글 | 카롤린 아이로 그림 | 박정연 옮김 | 코북이 | 2020)

학교에 대해 불안이 높은 사람은 학생이 아니라 엄마였다. 학교에 배웅하는 길에서도 엄마는 학교에 대한 의심의 눈길이 가득하다. 학교에서 아이가 어떤 생활을 하는지 가만히 지켜볼 수 없어 몰래 들어온 엄마. 급식 상태, 소화전 작동 상태를 체크하는 엄마의 염려와도 달리 아이는 너무나 씩씩하게 잘 생활하고 있었다. 그런 엄마에게 아이가 하는 말은

"내일은 학교에 오지 말고 뽀뽀 한 번만 하는 걸로 약속해요."

편안하게 넘길 수 없는 장면을 만난다면 아이와 학교에 대한 자기 생각을 점검하는 계기로 삼길 바란다.

내가 하고 싶은 걸 다하고 살 거라고 기대하지 않았지만

내가 하기 싫은 일을 이렇게 많이 하게 될 줄은 몰랐다

에필로그

내 아이를 있는 그대로,
내 아이와 함께 있는 교사도 있는 그대로!

우선 이 책을 펼쳐 읽는 모든 분께 존경하는 마음을 보내고 싶다. '교사가 하는 교사에 대한 이야기'를 듣기 위해 마음을 열어준 게 무엇보다 고맙다.

처음 이 책을 구상하면서 유치원 교사, 초등교사, 장학사 등으로 이루어진 『좋아서 하는 책쓰기 연구회(강원특별자치도교육청 자율연구회)』 회원들과 함께 나눴던 교사에 대한 마음 뜨거운 이야기가 이 책의 주춧돌이 되었다.

매 연구 모임 때마다 열정적인 모습으로 학교와 아이들의 걱정을 쏟아내며 어제보다 나은 교사를 꿈꾸고, 만나자마자 다음 모임은 언제하냐며 웃음을 주는 조민지 선생님, 연구회나 학교 일로 좌절하고 시행착오에 부딪힐 때마다 나보다 어리지만 수십 년 내공의 깨달음으로 번뜩이는 가르침과 깨달음을 선물하는 전준호 선생님, 유치원 교사가 아니었다면 유치원 아이들과 부모들이 많이 슬퍼했을, 마음이 누구보다 따뜻하고 진심으로 아이들을 좋아하는 김한나 선생님, 처음 만난 순간부터 지금까지 아이들과 학교를 위한 일에 먼저 진심을 다하고, 성실한 배움의 삶을 보여주는 이정미 선생님, 따뜻하고 여리고 맑은 마음으로 무엇이든 진심으로 함께 해주시는 양정희 선생님, 나보다 경력이 많은데도 신규보다 더 패기 넘치는 열정으로 든든하게 연구회 활동을 응원해 주는 김흥호 선생님, 교사들의 삶을 누구보다 사랑하고, 자녀들과 함께 교사 집회에도 참석하며 뜨거운 마음으로 더 나은 교육환경의 희망을 함께 꿈꾸는 최순경 선생님, 매 순간 아이들의 더 나은 성장을 위해 고민하고 그 작은 성장을 공유하며 기뻐하는 모습이 빛나는 우영숙 선생님, 밝고 힘차고 긍정적인 에너지로 아이들과 재미있는 교실을 만들고, 교사의 삶이 힘들어질 때마다 끊임없이 나오는 티비보다 더 웃긴 에피소드로 연구회 선생님들에게 웃음의 힘을 주었던 김명순 선생님, 처음 연구회를 만들 수 있도록 함께 꿈꾸고 따뜻한 응원을 보내주는 김명희 장학사님, 멀리서나마 함께 하는 연구회 작업을 일일이 응원하고 함께 해주는 이은현 장학사님, 『여우야, 여우야, 뭐하니?』 그림책을 출판하면서 작가로서의 뜻있는 발돋움을 통해 연구회 분들에게 희망을 먼저 보여주고, 무엇보다 바쁜 삶의 한 켠에 우리 책을 위한 표지 제작에 열과 성을 다해주신 권유선 장학사님께 함께 해주어 고맙다는 마음을 이 글을 통해 전하고 싶다.

교사로 17년간을 살아오면서 수많은 일들을 겪었지만, 그래도 이렇게 교사로 살아가고 있는 건 내가 만났던 악성 민원인과 상처 줬던 아이들보다 나의 마음을 읽어주며, 나를 믿고 아이들을 맡겨준 훌륭한 부모님과 따뜻한 아이들이 더 많았기 때문이다.

지금도, 아니 내년에도 계속 교사로서 많은 부모님과 아이들을 만나고 있을 세상의 수많은 교사들에게 지금 있는 그대로, 당신이라는 교사가 특별하고 소중하다는 것을 깨닫기를 바라는 마음을 담아 이 책을 세상으로 보낸다.

　교사로서 살면서 겪게 되는 수많은 일들을 마주하면서 각자의 마음과 생각대로 어려운 일들을 헤치고, 또 다른 하루를 시작하기 위해 수없이 움직이는 전국의 496,134명(유치원 55,637명, 초등학교 195,087명, 중학교 114,800명, 고등학교 130,610명, 총 496,134명, 출처: 교육통계서비스, 2023년 직위별 교원 수)의 교사들에게는 이 책이 조금의 위로가 되기를 바라고, 이 책을 통해 교사에 대해 잘못 생각했거나 이해하지 못했던 오해의 벽을 가진 이들에게는 조금이나마 생각의 변화가 일어나길 소망한다.

　교사 한 사람 한 사람을 있는 그대로 인정하고 각 교사의 마음속에 가진 꿈과 희망을 믿고 따뜻한 응원을 보내는 세상을 꿈꾼다.

내 아이를 있는 그대로,
내 아이와 함께 있는 교사도 있는 그대로
바라보는 세상을 기다려 본다.

교사의 삶을 열렬히 응원하는

교사 이다감

교사가 교사를 말하다

초판 1쇄	인쇄 2024년 04월 18일
초판 1쇄	발행 2024년 05월 02일
글·그림	이다감, 조민지, 전준호, 김한나, 이정미, 양정희, 김흥호, 최순경, 우영숙, 김명순
디자인	채하림
펴낸이	김지홍
펴낸곳	도서출판 북트리
주소	서울시 금천구 서부샛길 606 30층
등록	2016년 10월 24일 제2016-000071호
전화	0505-300-3158	팩스 0303-3445-3158
이메일	booktree11@naver.com
홈페이지	http://blog.naver.com/booktree77
값	16,000원
ISBN	979-11-6467-156-4(13370)

- 이 책은 저작권법에 따라 보호를 받는 저작물이므로 무단전재 및 복제를 금지합니다.
- 이 책 내용의 전부 및 일부를 이용하려면 저작권자와 도서출판 북트리의 서면동의를 받아야 합니다.
- 잘못된 책은 구입하신 서점에서 바꾸어 드립니다.